困學紀聞

四部備要

子部

中華書局據通行本校刊

桐鄉 陸費逵 總勘

杭縣 高時顯 吳汝霖 輯校

杭縣 丁輔之 監造

欽定四庫全書總目 子部 雜家類

困學紀聞二十卷宋王應麟撰應麟有周易鄭康成註已著錄是編乃其劄記考證之文凡說經八卷天道地理諸子二卷考史六卷評詩文三卷雜識一卷卷首有自序云幼承義方晚遇艱屯炳燭之明用志不分云云蓋成於入元之後也應麟博洽多聞在宋代罕其倫比雖淵源亦出朱子然書中辨正朱子語誤數條如論語注不舍晝夜舍字之音孟子註曹交曹君之弟及謂大戴禮爲鄭康成註之類皆考證是非不相阿附不肯如元胡炳文諸人堅持門戶亦不至如明楊愼陳耀文

國朝毛奇齡諸人肆相攻擊蓋學問既深意氣
自平能知漢唐諸儒本本原原具有根柢未
可妄詆以空言又知洛閩諸儒亦非全無心
得未可概視爲弇陋故能兼收併取絶無黨
同伐異之私所考率切實可據良有由也元
時嘗有刻本牟應龍袁桷各爲之序卷端題
語尚鈎摹應麟手書藏弆之家以爲珍笈此
本乃
國朝閻若璩何焯所校各有詳註多足與應麟
之說相發明今仍從刊本附於各條之下以
相參證若璩考證之功十倍於焯然若璩不
薄視應麟焯則動以詞科之學輕相詬厲考
應麟博極羣書著述至六百餘卷焯所聞見

恐未能望其津涯未免輕於立論是郎不及若璩之一徵以其拾遺補罅一知半解亦或可採故仍並存之不加芟薙焉

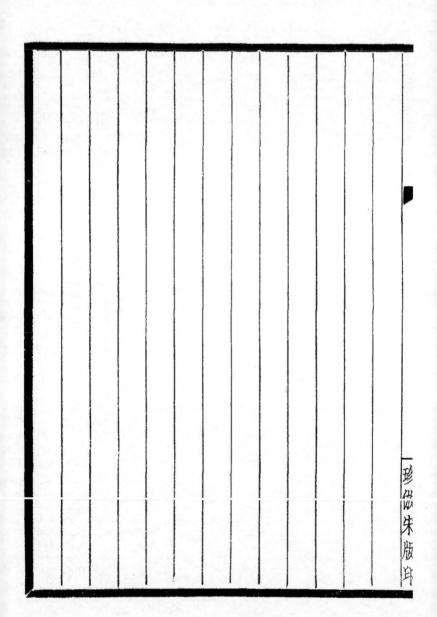

困學紀聞三箋序

深寧先生文集百二十卷今世不可得見其存者玉海部帙最巨尚有附刻於玉海之後者十餘種而碎金所萃則爲困學紀聞顧其援引書籍奧博難以猝得其來歷太原閻徵君潛邱嘗爲之箋已而長洲何學士義門又補之斯二箋者

世宗憲皇帝居潛藩皆嘗充乙夜之覽近年祁門馬氏以閻本開雕而閒采何說以附之桐鄉汪氏又以何本開雕誠後學之津梁也潛邱詳於考索其於是書最所致意然筆舌冗漫不能抉其精要時挾偏乖之見如力攻古文尚書乃其平日得意之作顧何必嘵嘵攙入此箋之內無乃不知所以裁之耶義門則簡核而欲高自標置晚年妄思論

學遂謂是書尚不免詞科人習氣不知己之批尾家當尚有流露此箋未經洗滌者歲在辛酉予客江都寓寮無事取二本合訂之冗者刪簡而未盡者則申其說其未及攷索者補之而駁正其紕繆者又得三百餘條江西萬丈孺廬見之嗟賞以爲在二家之上予學殖荒落豈敢與先輩爭入室操戈之勝況莫爲之前予亦未能成此箋也胡身之謂小顏釋班史彈射數十家無完膚而三劉所以正小顏者正復不少是書雖經三箋然闕如者尚多有之又安知海內博物君子不有如三劉者乎予日望之矣乾隆壬戌二月既望後學全祖望撰

敘

古人學古入官而入官之後仍不忘學仕優則學尚矣顧有儒林之學有文苑之學一則主乎理學經術一則主乎詞章典故學之者宜何從然窮其源流究其義蘊二者非竟判然也鳳西先生歷中外垂四十年宦轍所莅宣上德抒下情而暇則說禮樂而敦詩書仍儒者風購書至萬餘卷鄉雲輪囷覆護其上燕寢公餘手卷不釋而其生平所最注意者則尤在王氏困學紀聞一書王氏蓋得朱門真氏之淵源者也是書非博物君子不能作亦非博物君子不能注況注於三箋及萬氏集證後也迺博覽羣籍見於是書有足證明闡發者輒手錄爲之條分件繫如肉貫弗約討各門增輯無

慮二千餘條其用功專且久而所得若是是豈疏闊夫政事而與經生爭衡哉唯其優也又嘗借其書而觀之讀一書則如讀無數未見之書通一義則足通無數未聞之義前人以儒林而兼文苑後人以文苑而追儒林其有功於先哲而餉遺乎士林也豈徒爲文藝家所取資饜飫枵腹組織華蟲已耶鳳西以經術飾吏治所至政舉而民不擾本乎才而實恃乎學也因優而學因學而仕愈優也庶幾古之才全而學純者歟是用諗乎世之學而仕者道光五年八月望日姻愚弟黄徵乂敘

王厚齋先生紀聞一書蓋晚年所著也先生博極羣書入元後寓居甬上足跡不下樓者幾三十年益沈潛先儒之說而貫通之於漢唐則取其核於兩宋則取其純不主一說不名一家而實集諸儒之大成顧徵引浩博猝難探其本源雖以閻潛邱何義門全謝山三先生之淵雅尚未盡詳其出處蓋由宋人著述不能盡傳故也元圻幼嗜此書通籍後備官禮曹嘗質疑於中表邵二雲先生先生教之曰閻何全之評注略舉大意引而不發子盍詳注之使覽者不必繙閱四庫書而瞭然於胸中乎余對曰此非盡讀厚齋所讀之書者不能也以元圻之淺陋曷足以任此先生曰子姑詳其所可詳其未詳者安知不有好學者更詳之乎余諾之而未

敢必其成也丁未之冬揀發雲南從此移黔移楚未嘗不攜此書自隨偶有所得卽細書於簡端顧行篋所貯卷帙無多兼簿書鮮暇不能專心從事然簡端已無餘地因另錄而編次之凡三易稿而仍多未盡庚辰四月改官京秩因得借書於收藏家稍有增補旋自京旋里就正於蕭山王穀塍同年又詳數十條穀塍力勸付梓自念用心數十年不忍棄之敝簏因刻之存於家塾惜二雲先生墓木已拱不及刪其繁而補其缺以至於無遺憾也

道光五年春三月翁元圻自識於佚老之巢時年七十有五

困學紀聞原序

宋咸淳閒厚齋先生尚書王公以博學雄文聞於時兩制訓辭爾雅深厚歎而服者皆曰非先生不能作奇傳異書賾微隱奧疑而問者皆曰非先生不能知晚歲飛遯未嘗一日去書不觀頗聞著述甚富恨未之見也忽其子昌世（閻按宋德祐丙子昌世甫十歲則此時年五十六）書來曰吾父平生書最多惟困學紀聞尤切於爲學者今以其書視子幸爲序所以作之之意寘諸篇端蓋九經諸子之旨趣歷代史傳之事要制度名物之原委以至宗工鉅儒之詩文議論皆後學所當知者公作爲是書各以類聚考訂評論皆出己意發前人之所未發辭約而明理融而達該邃淵綜非讀書萬卷何以能之連日夜披閱目力爲廢不

意垂盡之年獲覩希世之珍序引固非晚陋所敢當然先祖光祿閻按元史牟應龍傳祖子才仕宋贈光祿大夫謚清忠與公之父吏部閻按宋史王應麟傳父撝會知徽州民稱爲清白太守同年進士閻按宋史牟子才傳嘉定十六年進士則撝亦癸未年登第先父大理閻按牟應龍傳父巘爲大理少卿與公同朝者三相得益歡事分之厚不並它人況昭父閉門讀父書求己志又予所深敬者是用承命而不辭託名於不朽焉觀者毋以爲僭至治二年秋八月壬辰隆山閻按牟應龍傳先世蜀之井研人後徙居吳興學者因其所自號曰隆山先生牟應龍謹識

全云按深寧先生曾祖安道武經大夫保信軍承宣使始自浚儀定居於鄞蓋扈從南渡者也祖晞亮朝散大夫父撝嘉定癸未進士朝請大夫尚書吏部郎中兼國史院編修實錄院檢討官兼崇政殿說書弟應鳳同日生亦登宏詞科太常博士子昌世字昭甫以任受承務郎階未及受官國亡昌世子厚孫字遂初亦有學行嘗爲教官次寗孫又云黄文獻公作昭甫墓誌述其辭徵辟之言曰士之大節嗣守爲難願讀父書求己志以畢此生不願乎外　又云昌世卒於泰定四年年六十一閻氏以爲是年五十六歲者是也是書雕成於泰定二年昌世旋卒

世之爲學非止於辭章而已也不明乎理曷能以窮夫道德性命之藴理至而辭不達玆其爲害也大矣是故先儒有憂之且夫子之言有曰興於詩立於禮成於樂其品節備具見於禮之經解夫事不燭不足以盡天下之智物不窮不足以推天下之用考於史冊求其精粗得失之要非卓然有識者不能也若是其殆得之矣在易之居業則曰修辭立誠而畜德懿德必在乎聞見之廣旁曲通譬是則經史之外立凡舉例屈指不能以遽盡也揚雄氏作法言其亦有取夫是後千餘年禮部尚書王先生出知濂洛之學淑於吾徒之功至溥然簡便日趨偷薄固陋瞠目拱手面牆背芒滔滔相承恬不以爲恥於是爲困學紀聞二十卷具（案具字閣本誤作其）訓

以警原其旨要揚雄氏之志也先生年未五十諸經皆有說晚歲悉焚棄而獨成是書其語淵奧精實非細繹玩味不能解下世三十年閣按王應麟傳後二十年卒則卒當於元成宗元貞二年丙申下至泰定二年乙丑整三十年　方回序小學紺珠在元大德庚子自稱回年七十四公長回六歲是王氏生於嘉定十四年辛巳肅政司副使燕山馬速忽公僉事保定孫公楫濟川分治慶元振興儒學始命入梓桷遊公門最久官翰苑時欲悉以所著書進於朝廷因循不果今也二公謂桷知先生事最詳俾首爲序庸書作書之本旨亦以厲夫後之學者先生諱應麟字伯厚自號深甯居士泰定二年冬十月門人翰林侍講學士奉政大夫知制誥同修國史袁桷敘閣按元史袁桷傳至治元年遷侍講學士泰定初辭歸四年卒年六十一謚文清敘蓋作於慶元路家居時

何云袁公於學蓋無所得者以法言況此書亦不類　全云清容絕不知學其爲史靜清作墓志竟不言其紹朱子之統其論東發先生亦但稱其清節而已今其集中亦有說經文字則裝

點其固陋耳其實清容依附正獻正肅以爲先型又受業深寧門下而以彌甥得登靜清之堂乃懵然於此可惜也　元圻案錢氏大昕潛研堂集王厚齋生卒年月考云閻說厚齋生於辛巳歲卒於丙申歲年七十有六今考延祐四明志人物傳厚齋年七十四而陳本堂祭厚齋文首稱柔兆涒灘之歲孟冬甲辰其文亦云余八十三公七十四則厚齋卒於元貞丙申年七十四信矣推其生年當在嘉定十六年癸未非辛巳歲也本堂祭文又有季夏聞訃之語則厚齋之卒在是年六月

袁清容挽伯厚先生詩云秋水孕雙蓮英英吐異芬詞章納雲夢禮樂訂河汾丹詔三軍泣清名四海聞西峯傾落日乘鶴叩蒼雲　晚歲艱難意衡門老病身蜀山迷望帝楚澤痛靈均皮弁終辭召深衣晚任真蓋棺今已定千載有遺民　燕說經生濫齊諧學究輕微言空有意獨拍已無聲墨澤雞林貴青氈虎觀榮新銘前進士幽抱付誰明　再世登龍舊淵源可再窺西山遺正緒東澗結冥知腹笥名空在眉梨壽竟違重歌妾薄命寒淚滴塵瓻

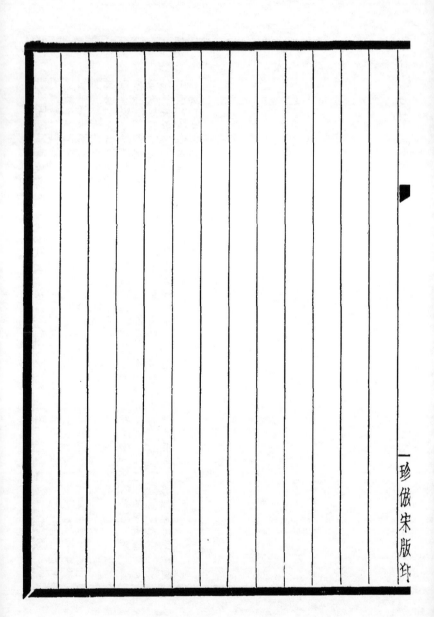

康熙戊午己未閒家大人應博學鴻詞之薦入都時宇內名宿麟集而家大人以博物洽聞精於考據經史獨爲諸君所推重過從質疑殆無虛日或有問說部書最便觀者誰第一家大人曰其宋王尚書困學紀聞乎近常熟顧仲恭以演繁露並稱非其倫也由是海內始知尊尚此書其後家大人返里門遠近從遊者各以此書來請丹黃大人皆應之不厭然其本特萬曆閒刻者不如詠家所藏應元路本出尚書兩孫厚孫甯孫手最勝大人自壯至老手自校讎不啻五六過訛者正之遺者補之常謂詠曰苟無訛可正無遺可補天下之能事畢矣雖古人撰著臻此亦難歲丁丑大人閒游江陰從一故家得

斷爛鈔本以歸較多二十七條其辭簡而義精
非尚書萬萬不能爲也又檢王子充序水經歷
引尚書言有云江水東逕永安宮南五十一字
刊本鈔本都失去因知子充當日所見本尤完
善亟爲增入歎惋者累日其用心之勤如此詠
以端憂多暇請鳩工授梓大人復自矻矻者彌
月乃手之而喜曰續古人之慧命啓來學之博
聞其在斯乎夫校定書籍故非易自劉向揚雄
方稱此職世豈有其人哉要事求有據不敢憑
臆以決亦可矣小子紀其緣起庶以正世之君
子詠遂拜而書之康熙三十七年歲在戊寅六
月望日男詠謹識

幼承義方晚遇囏屯炳燭之明用志不分困而學
之庶自別於下民開卷有得述爲紀聞深甯叜識

右三十八字乃尚書親筆常熟毛黼季扆以
視徵君且曰盍摹勒諸卷首徵君欣然如其
請蓋徵君曾兩遣人至鄞縣訪其裔孫求行
狀墓銘神道碑以補宋史列傳之略不可得
又欲繪其遺像亦不可得今存其手蹟猶前
志也閻詠臨幷記

元圻案全謝山宋尚書王伯厚先生畫像記
云同學葛君巽亭爲予言榆莢邨王氏有先
生像亟喜往請而觀之須眉惆悵端居不樂
其當杜門謝客之際乎惜不令百詩見之也

困學紀聞注目錄

卷一
易
卷二
書
卷三
詩
卷四
周禮
卷五
儀禮　禮記　大戴記　樂
卷六
春秋　左氏傳

卷二十

雜識

凡例

一是書有太原閻百詩先生長洲何義門先生鄞縣全謝山先生評注久已刊行卷中於閻氏全氏語皆全錄何氏注有與閻氏同者則存閻而删何以省煩瀆

一閻注標閻按何注標何云從其舊也全注則於首一條標三箋本全云以後所云全氏皆三箋所載也其全氏另有所釋而不載於三箋者另標出處以清眉目

一三箋本兼載方朴山程易田方心醇屠繼序諸公之說雖不全錄亦標明姓氏

一近刻有黃岡萬氏集證卷中亦多採錄仍一一標明不敢掠美

一元圻自注見於句下者加案字以別之總注於後者加元圻案以別之仍於上加一○或於自注後更引他人之說者亦加○以別之

一徵引之書不能不删節字句然有删字無增字不敢妄竄古書也

一是書就正於同志如歸安葉中丞紹楏江西周孝廉邵蓮正定王刺史定柱上虞王孝廉煦間有論說亦一一附載仍標明姓氏

一元圻仲兄名元堂字緒昌號靜軒長余四歲幼從之學嘗講授是書有所論說不幸困於場屋年僅四十四而卒今附載口授之語數則以識鴒原之感

困學紀聞翁注編目例言

一困學紀聞原編二十卷止列總目無子目今準舊分卷以次列目本文一條有析爲二三目者有析至四五以上者皆綜舉綱要睹視可知

一本文每條以次計數注於目下已見前注者後不重見以省繁複次條承接始復依數注之各類並同

一翁注中原爲疏證本文者不更列目其有旁及本類各類諸事者亦並列目本類則別以本注二字各類則分載於二十一卷以下注目中

一經說中有僅錄其句歷引史事斷以己意者其本經之句或見於首或列於中或著於後皆先生寄託所在今爲詳審標目末則以證史二字

括之其史事仍依類分列注目中
一三禮三傳雖各自爲類然本文有連類並及者列目亦並仍之不更分載
一三傳中論列有及戰國中人事者亦於本類著目不更分載
一總經類本文原爲經說嫌其蒙混易之
一本文考史類別標史記正誤而諸史則從統今不更標題以歸一例
一河渠田制漕運崇儒雖附考史卷中以其本自爲類別出之
一本文中事實論議有與本類不相比合者雖爲正文亦列入注目以事無可隸而注中並有疏證不容竟置故於注目存之

一人名書名但據先見者以次比附不復拘於年代其有連類並列者注中亦人與書並詳分列者不爲例
一人名書名事實等有複見不一者或仍之或併合注之末及總核此不爲例
一二十卷以上皆原書所分門類二十一卷以下別分六類曰經義曰史事曰書籍雜文曰人名曰物類曰雜義俱爲注目故繫以出注二字
一是編務求詳盡無少疎漏以便檢閱近時京都刻本雖少有分析然所標舉止限一目既多遺棄且於本文語意亦未能顯然明揭吾無取焉

珍倣宋版印

困學紀聞翁注編目卷一

易

周易字數 標題注
乾惕震恐 一
修辭立其誠 二
上下繫終以辭
文辭今古異稱
易防未然 三
履霜堅冰
月幾望
邵子言剝復姤夬 本注
潛龍不見 四
括囊无咎
貞固爲元之本 五
潛龍閑關義 六
堅冰女壯義
乾坤爲大父母卦 本注
姤復小父母
終日乾乾 七
夕惕若厲句讀
以陰陽言日夕
亢龍潛龍 八
勿用義賈干不同 本注
進退存亡得喪互伏 九

坤六五象羿莽媢武十　干寶說坤五
屯利建侯十一　履分嚴咸情通十二
否泰以下濟爲義本注　陰陽浸勝十三
剛浸而長　臨將泰遯將否
否姤繫桑繫柅十四　初筮原筮十五
童蒙童觀十六　孚嘉孚剝十七
鳴謙鳴豫十八　頻復頻巽十九
月幾望三占不同二十　同人隨言出門二一
冥豫冥升二二　大蹇朋來二三
渙其羣　復解豫言朋二四
密雲不雨二五　甘節甘臨二六
舍車而徒二七　自求口實
頤果不食證史二八　設險守國證史二九

思患豫防證史　朋來朋士三十
陰陽闔闢三一　終則有始本注
器象以卦命名三二　易爻終始皆九三三
易言天行有人事三四　家人言物行恆三五
復初卽乾元三六　頤果生仁
易爲君子謀三七　易中諸貞字本注
包承爲小人謀　乾坤言中庸誠敬三八
乾坤於二言仁義　復以自知三九
致命遂志四十　何天之衢四一
魏相以易相漢四二　繫於金柅
陽盛陰生證史四三　潛龍知亢履霜知戰
積善之家四四　田獲三狐四五
易象井鼎頤飛鳥四六　王輔嗣志象說

伏羲十言之教 四七　易緯言正本理物
毫釐千里　漢上易 本注
康成注易多改讀 四八　八卦之說爲八索 四九
伏羲文王周公作易 五十　孔子十翼爲傳 本注
作繫辭二說 本注　爻辭多文王後事 本注
易著商周事 五一　存乎其人
阮天隱易筌 本注　文王箕子 五二
用晦而明　連山歸藏 五三
孔子卜卦得賁 五四　夬五陽夬一陰 五五
小人道憂　孚號有厲 本注
牽復吉 本注　荆公說求王明 五六
王介甫易義 本注　復見天地之心 五七
陽進陰退俱爲復　復爲反本

七日復七日得 五八
薛温其易義
易言用无體 五九
利貞者性情也 六十
小人道消 六一
泰否拔茅言吉 六二
以其彙絕句
儉德避難 六三
无往不復 六四
有命无咎
羸豕孚蹢躅 六五
入於左腹
觀風設教證史 六六
居賢德善俗證史
日中則昃證史 六七
童牛禁未發 六八
白賁素履證物 六九
艮觀身復觀心 七十
泰拔茅漸進正證史 七一
寬以居之 七二
坤二敬義本丹書 七三
艮有天命人欲之限 七四
小畜言復同復卦 七五
同人於野 七六
艮其背 七七
隨弗兼與證史 七七

子夏易傳
明兩作水洊至 九四
震象脫不喪七鬯 九五
漸陸爲漸逵
河圖授受
比建國視侯 九六
坤土坎水相得
睇于左股 九七
朋盍簪 九八
說苑引易佚文 九九
鹽鐵論引易佚文 一百
說文引易佚文
漢魯恭趙溫說易 百一
潛龍履霜應氣候
議獄應中孚氣候
姤施誥應夏至
有孚盈缶
過涉滅頂
噬乾胏得金矢 百二
西鄰禴祭 百三
鼓缶歌嗟 百四
剝牀以簠 百五
履言禮豫言樂 百六
渙其羣 百七
蒙泉履霜 百八
不菑畬凶 百九

括囊爲腐儒
元亨利貞隨四德
乾坤鑿度
宰相宜讀易百十
乾乾夬夬諸疊字百一一
坤畜泰濟爻無卦名百一二
巽木離電百一三
坎有雲泉雨之象
大象取卦義有異
革言水火
坎離內景外景百一四
韓康伯注繫辭百一五
康伯不受業王弼
易家分象數義理百一六
李氏集解宗康成
朱子發去取易家
鄭王言易不同本注
輔嗣伊川言易不同百一七
晁子止易廣傳
坎離先天地百一八
氣數之惑
伏羲易當觀圖百一九
八卦之畫皆字
左傳引易有畫卦本注
易起於畫本注
卦氣圖陰陽爻數百二十

復至咸姤至中孚卦　孔子釋易法百二一
文言詳乾略坤　上下繫辭易見例
龜山論解易法本注　守位曰人百二二
聚人曰財　筮卦古用木畫地百二三
以錢代蓍法　三多三少
易中多舉數爲義百二四　二十九卦數例
七卦具四德百二五　乾不言所利
過惡揚善百二六　財成天地之道
屯作君蒙作師百二七　大畜爲學賁爲文百二八
艮止有篤實義　易立乎中行乎中百二九
斯其取災亦作𧗿百三十　郭正周易舉正
其命亂也證史百三一　易大傳百三二
易家別說本注　易緯語誤易本注

荀九家易名氏百三三　馬荀易義
雲行雨施　離坎爲陰陽府
九家易內張氏朱氏本注　李氏集解三十五家本注
序卦離至咸十四字百三四　序卦不言乾坤咸
易分上下經　吳晁古周易
序卦雜經師說　夢得子厚九六論百三五
朱子論三揲掛扐　宋儒言古易七家百三六
洪興祖易攷異釋疑　一行纂子夏傳
邵李二家古易本注　張弧作子夏傳百三七
阮逸作關朗易　戴師愈作麻衣易
正易心法　先陰後陽百三八
觀殷道得坤乾本注　周易備三易之義本注
康成易贊百三九　易一名三義本注

易含萬象百四十　京易占驗本周孔
四易地人天鬼　易體一用三
桓譚先中後三易本注　京氏易本焦氏
互體約象百四一　言互體始左傳本注
鍾荀王去取互體　天地定位節虞義百四二
消午直子順逆　辭變象占百四三
乾動自震始　項氏易玩辭
陽大陰小百四四　過畜分大小
謙卦三吉三利百四五　家人五爻皆吉
乾六爻不言吉本注　其欲浟浟百四六
皇極經世師承百四七　先天圖合運數百四八
歐陽公不信圖書百四九　蘇曾論圖書可信
心易事易百五十　易備兵法將才

薛仁貴易注　郭氏父子易說

漢丁寬易本注　崇效天卑法地百五一

旣濟崇智卑禮百五二　狐涉水濡尾百五三

鬼方鬼戎百五四　高宗

未濟三陽失位百五五　剞桶人問易伊川

火珠林言卜筮　虞翻吞易三爻百五六

陸希聲夢三聖人　何晏疑易七事九事百五七

坎爲雲爲雨百五八　女子貞不字

咸感兌說徵史百五九　盛德精義百六十

衛元嵩易元包百六一　太元本易緯

易始龍馬龜書百六二　宋人言數宗劉牧易

徐復推卦值年百六三　林瑀易會元紀

善易者不占　砎于石百六四

坤早辨解夙吉百六五　程子晚授易傳百六六
易緯詮八卦精言百六七　易緯辨中備
左氏論易百六八　純坤稱龍百六九
十月無陽稱陽月　復積陽於坤
困利用祭祀百七十　困於人感於神
李公晦困齋說　樽酒簋貳用缶百七一
言酒皆有坎險象　莧陸夬夬百七二
項安世易玩辭　虎尾猶朽索深淵百七三
先甲先庚百七四　王弼易注多格言百七五
讀易先弼瑗安石　程子易不言象變
父母六子卦義百七六　效天入神百七七
蒙頤言養正百七八　家人利女貞徵經百七九
發蒙閑家百八十　才士口易本注

困學紀聞翁注編目卷二

書

尚書字數 標題注　外史掌三皇五帝書
皐夔稷契不讀書　武王受丹書
黃帝誨顓頊語 二　九共帝告篇殘語 三
嘉禾擗誥　書逸篇
九共帥九邸 本注　伏生大傳
賈誼書引古帝王語 四　淮南引堯戒
墨子載書 五　周公讀書見士
尚書隸古本 六　杜林古文 本注
孔壁古文　安國以今文校古文
尚書音五卷　開元時改洪範
天寶時衞包改古文　漢唐稱今古文不同

郭忠恕定古文　孫奭請摹印古音義

開寶時新定釋文　楊備得古文書釋文

呂微仲得古文本　中文尚書

吳才老書裨傳七　以閏月正四時

舜讓于德不台　在治忽采政忽

民儀十夫　文王克明俊德

伊訓惟元　亮陰諒闇

予若觀火　我其發出狂

天難諶　文思晏晏

高宗享國百年　費誓粊誓

度作詳刑　哀鰥哲獄

悊民惟刑　假我一日

上刑下刑輕重　顧畏民嵒

七始詠本注　王莽作大誥
尚書伏生授受　書始二典終費秦八
大傳題唐傳虞傳九　說文稱唐書虞書本注
左傳稱夏書　堯典得敘事法十
月令記時不加堯典本注　星辰兩解十一
五禮兩解　南爲南訛十二
柳穀昧谷十三　度西宅西
嵎夷禺鐵郁夷十四　四岳佐禹賜姓十五
共工四岳爲神農後　申呂齊許本注
堯讓位許由　五典五教十六
五作十道本注　魯共王壞孔壁
伊川書說　舜誅四凶十七
鯀共諫堯傳位　流宥五刑十八

墨劓等爲賊刑
范景仁正書
書序方設居方十九
三十徵庸三十在位二十
禹告舜念哉二一
吉士吉人常人二二
儆戒無虞二三
舜征有苗
九德三俊二四
安止欽止二五
宅厥心本注
虞服十二章二六
璪火粉米黼黻二七
宗彝爲廟器本注
鳥獸蹌蹌二八
鳳凰來儀
馬氏尚書注
箾韶二九
丹朱奡兩人名三十
罔水行舟
自我民明威三一
衞包改古文書本注
威用六極
皋陶德繼三聖三二
左禹右皋陶
蠻夷猾夏用刑治三三

皋陶形體諸異狀 三四
夔一足
禹伊尹形體異狀 本注
大費佐舜馴鳥獸 三五
伯益伯翳蹟敳
伯益作虞馴鳥獸 本注
咎繇君雅異文
禹垂鮌偏受羿
伯翳非皋陶子
黃氏書說
姜爲伯夷後 三六
四岳爲伯夷族
伯夷以禮神佐堯
虞史伯夷言明幽
皇帝哀矜清問 本注
伯夷降典
重黎舉夔爲樂正 三七
重黎羲和四岳互稱
用執中命龜語冊封 三八
禹謨洪範言五行 三九
柔立柔惠柔嘉 四十
逸書大道亶亶 四一
禹貢釋文引職錄 四二
九德九功之歌 四三
大化大訓六府九原
啓九辨九歌

虞書說仁覆閔下 四四
滎播旣都 四五
二百里任國 四六
揚州沿江海達淮泗 四七
江始入淮
東坡書傳
弱水無力獨西 四八
弱爲六極
九江東陵卽巴陵 四九
曾氏尚書義
朔南曁聲教 五十
禹修教服有扈 五一
夏相伐扈修德
伐扈戰甘不爲啓
擊有扈於牀
有扈爲牧豎
有扈以傳子伐夏
孥戮非及子 五二
囚奴正士
孥戮汝有脫簡
湯以甘誓勒銘 五三
五子之歌述禹訓 五四
五子歌諸子字所屬
關石龢鈞 五五
古文尚書始末
夏有觀扈 五六

五觀爲啓子武觀　畔觀縣爲洛汭地
五觀猶三朡　湯都南亳地五七
帝誥帝俈帝嚳　帝告篇逸語
湯從帝嚳都亳　湯征篇逸文五八
白樂天補湯征文　辰弗集于房五九
推仲康時日食互異　鳩方微子去就繫國六十
夏商書終篇見意　孥戮汝予其殺六一
齊桓塞九河自廣六二　十二章孔鄭異義六三
十二師孔鄭異義　呂覽引夏商周逸書六四
荀子引中巋逸書　楊倞荀子注引逸書
商書始言仁性誠學六五　言教以商書爲備
好生安惠中寓仁　允恭溫恭
萊朱卽仲虺六六　仲虺爲奚仲後

臣扈祖己爲仲虺後　湯始改正朔六七
甘誓著三正　正月月正異義
夏以上皆寅正　古帝三正迭用
石林書傳　伊訓言有牧方明六八
祖乙居耿六九　盤庚爲陽甲臣
盤庚三篇異義　殷五遷五邦諸說七十
五遷地名及傳世　天永命于新邑七一
大傳引盤庚逸文七二　湯用元牡告天七三
墨子國語引湯誓文　湯禱雨非誓衆
德不德證漢詔七四　桑穀湯戊武丁不同七五
傅說胥靡版築事七六　傅巖地
築巖爲居其地　高宗報上甲微七七
商契至微傳世本注　商以日名子始上甲

立志遜志 七八　西伯戡黎爲武王 七九
西伯陰行善事　文王內秉王心謬說
戡黎地近商都 八十　泰誓爲大會以誓 八一
晁氏尚書訓詁傳　周親仁人 八二
予有亂十人 八三　一人數邑姜
太伯叔旦無伐紂心 八四　式商容閭 八五
商容三論非周君　商容馮馬徒欲伐紂
商容辭周三公　商容爲商之禮樂
往伐歸嘼 八六　東郊不闢
分北三苗　闢四門
毋侮矜寡畏高明 八七　曰濟曰圛 八八
曰悌曰涕　賈許馬鄭治今文
安國史記爲古文　五事哲謀肅艾見詩 八九

洪範始思卽致知 九十　毋或作威作利 九一
無作好惡聰明 九二　惟辟作威福
箕子名胥餘 九三　巢伯來朝 九四
南巢不義湯獨朝周　扈不義禹獨臣商
金縢異說有二 九五　周公葬畢事
周公揃爪祝成王病　我之弗辟 九六
九年大統未集 九七　文王受命之年
錫命西伯專征伐　崇德報功證史 九八
丕子之責爲負子 九九　歸禾餽禾 一百
三監地爲邶鄘衛 百一　三監諸說不同
三亳有二說　阪尹爲三亳之一
民獻十夫失其名 百二　周公喜十人來歸
十人非十亂　康叔字于殷 百三

中旄父字于東　東土非邶鄘衛
酒誥篇俄空百四　酒誥若圭璧逸句
劉向校書脫簡　歐陽大小夏侯書
圻父農父宏父句義百六　復子明辟
周公踐位事　王雱書義
殺羣飲爲告者語百七　梓材三誥主戒殺本注
張氏尚書小傳本注　曁厥臣達大家百八
周重封建宗族　迷民讎民頑民忠商百九
邦之安危惟殷士　三日粵朏百十
營成周務德不務儉百一一　周召爲師保百一二
有若散宜生百一三　越惟有胥伯百一四
大傳胥賦以稅言　無逸亦作毋逸百一五
無逸呂刑言享國百一六　祖甲爲武丁子帝甲百一七

享國先中宗後祖甲　武丁祖庚傳世

無逸言不敢同孝經百一八　堯兢兢舜業業

禹孜孜湯慄慄　文王翼翼

天命自度九一百　自作元命

顧畏民嵒百二十　顧諟明命

言獄罔攸兼證史百二一　蔡仲之命證史百二二

君陳爲禽弟伯百二三　周公之子八人

周公子食采爲王官　君陳分正東郊百二四

爾乃順之於外百二五　斯謀斯猷稱后德

成王告君陳失言　君陳用坊記文

有容德乃大證史百二六　庶言同則繹百二七

大明黜陟百二八　康王釋喪服被衮冕百二九

東坡論顧命易吉　命作策畢公句讀百三十

畢命見風俗證史百三一　殷民歷三紀化周百三二
衞傳七世風先變　閑之維艱百三三
格其非心　樹之風聲證史百三四
德義大訓證史百三五　呂刑皇帝或無皇字百三六
天罰天吏天威天牧百三七　自作元命百三八
君牙冏命非穆王言百三九　文侯之命罪平王
張子韶書傳統論　伯禽征徐作柴誓百四十
王來自奄　費誓肸誓
魯共公舉觴擇言百四一　云來云云然通員百四二
書七觀先仁義誠百四三　七觀有度事治美政
郤缺言九功九歌百四四　楚語言重黎說命
遲任史佚　王粲難鄭尚書事百四五
官師相規百四六　顧命記考古圖百四七

力穡知稼穡百六四　呂刑言三后先本百六五
呂刑司刑輕重百六六　呂刑言敬言中百六七
禹湯貽則垂裕百六八　託岱山柴洛書作僞百六九
新莽蘇綽大誥百七十　秦穆悔過誓師百七一
穆公修乎聖　孟侯二義百七二
康叔封爵　周書七十一篇百七三
史記漢儒引周書說　汲冢稱竹書非周書說
禹湯成王時貢物百七四　王會八方贄物
王會唐公虞公位次百七五　王會殷夏公爲杞宋
三恪二王後　周書二十餘士國名百七六
周書言冬陽夏陰百七七　周召聽憲制謚百七八
夏箴商箴佚句百七九　周書九紀九星三極百八十
周書言姑與天與百八一　蘇秦蕭何引周書

洪範伊訓有叶韻　林氏書解言聲歌
擊石舞獸重簡二百二　上帝降衷於民二百三
歸師寧邦本覲禮二百四　平王封國志雒
洪舒于民二百五　昧谷柳谷地二百六
周召畢公爲伯二百七　言有命聖狂不同二百八
以天民爲不足畏二百九　克綏厥猷爲修道二百十
治梁及岐諸說二百十一

困學紀聞翁注編目卷三

詩

毛詩字數標題注　大毛公小毛公 一
毛詩授受本注　毛傳說合古書
程子葉夢得重毛傳　高子說詩 二
高行子受書源流　靈星之尸
魯齊詩緣起本注　仲梁子說詩
孟仲子說詩　曾申李克傳詩 三
申公非曾申　呂氏讀詩記本注
陸璣詩疏　詩六義分經緯 四
豳雅豳頌豳風諸說　程呂言篇備六體
太師言六義次第本注　鄭氏名箋之意
逸詩篇名遺句 五　貍首驪駒

祈昭轡之柔矣本注
肆夏采齊
茅鴟新宮河水
鳩飛
唐棣衣錦詩刪句
誰能秉國成
歐陽說刪詩
明明崇尚生開
關雎爲畢公規康王六
賦比興諸說七
毛公獨標興體
吳鶴林詩本義
關雎爲康王政衰詩八
關雎至騶虞皆刺詩本注
鹿鳴四牡黃華爲刺
王風爲魯詩
四家詩授受
詩萌芽於楚九
二南爲江漢地
詩一變爲楚辭
公侯見周事殷十
汝墳篤夫婦君臣義本注
周民猶稱王室
召亭爲召公采邑十一
二南小雅遺聲十二
風雅十二詩譜

古樂有倡歎散聲　先采蘋後草蟲十三
鄉飲酒歌詩合樂　王風在衞詩後十四
作黍離或壽或伯封十五　楚元王受詩傳後
芣苢爲蔡人妻作十六　衞宣夫人作柏舟
息夫人作大車　黎夫人傅母作式微
申人女作行露本注　莊姜傅母作碩人
列女傳說詩爲魯學　甘棠勿剪勿拜十七
維鵜在梁本注　陟彼岵兮
周召南爲房中樂十八　相鼠詩爲妻諫夫十九
載馳以衞女入詩二十　韓詩內外傳
騶虞風可爲雅二一　魚麗雅可爲頌
小雅猶有風體本注　大雅之正幾於頌
范處義詩補傳　晁說之詩序論

霸者興變風息二三　齊風爲懿王時詩本注
邶風爲夷王時詩　變風先齊邶後陳靈
大夫九能諸義二三　八能之士主音樂
仲梁子說詩先毛公二四　毛詩說簡而深二五
鄭以禮說詩多拘泥　鄭說綠衣庭燎異義
鄭義公遜不諫亦入　劉孝孫毛論正論
芣苢鶴鳴可自得解二六　鴛鴦二章悟比興
江漢之女見周俗二七　變雅作於大臣羣臣二八
變風見匹夫淸議　騶虞騶吾騶牙二九
天子之田有梁騶　騶虞爲邵國女作三十
投壺言雅二十六篇三一　投壺以風爲雅
可歌不可歌間歌　貍首文似鵲巢
大雅小雅之材　伐檀或卽伐木本注

雅頌以什爲統　無衣詩閔周非美晉三二
詩亡春秋作三三　歌詠宜自生民始本注
詩出於民之性情　于言徂來新甫地三四
萇楚詩疾恣三五　檜亡由叔妘
十月農畢言改歲三六　豳土雖晚猶寒三七
孫毓毛詩異同評　七月流火三八
熠燿宵行三九　熠燿其羽
董逌廣川詩故　七月王業起農桑四十
風雅終周召以復正四一　興於詩諸證四二
晨風黍離感親　誦汝墳爲親從仕
王偉元門人廢蓼莪　講鹿鳴兄弟同食
甫田悟進學　衡門識處世
鹿鳴刺道衰四三　安國蔡邕傳魯詩本注

漢大樂十三曲　杜夔雅樂四曲
琴操詩歌五曲　宵雅肄三宵爲夜 四四
南陔六篇亡辭 四五　三芑三杞三荼 四六
伐太原還戎 四七　采薇爲懿王詩 四八
變風先齊衞　史以膺戎狄爲襄王 四九
六月出車史屬襄王　出車詩文宣兩說
褒姒黨先世皆名臣 五十　作詩自著其名 五一
孔聖子聖皆自聖 五二　天克定克鞏 五三
百君子各敬相畏 五四　王氏新經諸義本注
畏天畏人證詩 五五　無競維人證史 五六
大命傾於愎諫證史　君子是則是傚證史 五七
巧言猶知顏厚 五八　不愧人不畏天
東有甫草 五九　東遷後圃田屬鄭

甫田原圃在東都　詩有夏正無周正證六十
十月之交爲八月　推朔日辛卯日食本注
蘇子由陳少南詩解　雨無正名篇六一
方叔以元老壯猷六二　小弁伯奇作六三
維憂用老　鴟鴞詩刺邠君
劉彼甫田六四　南箕北斗六五
普天王土爲舜詩六六　青蠅刺魏武信讒六七
韋昭說采菽黍苗六八　鄭禮注諸說異箋六九
鄭箋易毛諸義　爰其適歸七十
榛楛與君子干祿七一　旱麓山近漢廣七二
鼉鳴如鼓七三　棫樸與左右趣舍七四
申甫爲周翰七五　申甫申呂
生甫及申七六　蹶父皇父無稱甫

樊仲山甫無單稱甫　命程伯休父
宣王撥亂之志七七　庭燎沔水以箴規七八
祈父以司馬職廢作七九　轉予卹爲四伐戎
詩尹氏與春秋先後八十　召故老訊夢八一
赫赫宗周褒兆八二　國亂職競由人
裳裳者華與世臣八三　家父仍叔尚見春秋
厲王稱汾王　執我仇仇八四
三事亶侯多藏八五　小大東杼柚之空
皇父爲羣邪之宗　神聽鑒平見信好八六
神之式穀見與直　播厥百穀種數八七
文基武內周和八八　詩雅分經傳本注
公劉詩爲周禮所本八九　君之宗之
其軍三單　徹田爲糧

咨女殷商九十　靡哲不愚事證九一
善人載尸事證　孔子說烝民緡蠻詩九二
菁莪詩句解本注　韓子說詩繁簡
明道善言詩　愛莫助之歎仲山甫九三
仲山甫諫立戲料民　韓城燕師地九四
出宿于屠九五　申侯爲封外戚藉口九六
甘盜言內寇攘證史九七　大師維垣九八
孟仲子說詩傳詩九九　於穆不似
彼徂者岐有夷之行百　夭夭是加本注
昊天成命以郊祀百一　說成王成康義異
周頌有康昭以後詩　成王不敢康百二
飴我釐麰亦作麰百三　赤烏以牟麥俱來本注
陳少南不取商魯頌百四　陳氏詩解

三壽作朋諸說百五
三頌倣誇異體百六
商頌繫周頌篇百七
正考父校商頌百八
奚斯閟宮頌魯作
商頌美宋襄謬說
商頌十二篇亡七本注
史克作魯頌由請命
詩毛傳未行多異說
薛夫子父子爲韓詩
長發雝禘祭之別百九
孔子就太師正雅頌百十
黍離降爲國風
萇楚箋端愨情慾義百一一
甯戚歌碩鼠百一二
四月秀葽非葽繞百一三
衛武九十五作抑詩百一四
抑戒亦爲懿
侯包韓詩翼要
衛武作刺詩年不合本注
西戎以寒爲板屋百一五
詩中華字車字音讀百一六
朱子論詩中叶韻法本注
零露漙矣當作霽漙百一七
衡其從橫畝衡爲百一八
徐仙民毛詩音

干旄詩馬數爲加禮 百一九
權輿詩簋食爲禮衰
營謝戍申美刺異義 百二十
采薇揚水公私不同 本注
狐裘黃黃關言行 百二一
姒召公祖南仲濟美 百二二
敬之羣臣進戒諸證 百二三
漢魏引詩序諸說 百二四
獨斷載周頌序 本注
孟子說北山詩同序
葉氏論衛宏作詩序
朱子詩序辨說 百二五
浹漈詩傳辨妄
宋儒去序言詩 本注
歐陽詩本義
詩草木蟲魚古賢圖 百二六
詩格物多識諸義 百二七
鶴鳴誠不可掩
隰有荷華喻君子
葛屨褊羔羊念
蟋蟀儉蜉蝣奢
檀穀美必有惡
黍以爲稷蠅以爲雞
贈芍貽椒芳馨之辱
相鼠碩鼠以疾惡
采葛采苓爲傷讒

孟子善言詩百二八　申毛詩出荀卿百二九
荀卿說卷耳鳲鳩詩　不敢暴虎爲敬不肖
荀子引詩多逸篇　轅固申公無愧言詩百三十
王式以三百五篇諫　匡衡說詩解頤
草木鳥獸蟲魚疏百三一　詩譜徐整太叔裘注百三二
詩緯言四始五際百三三　五際革命改正四辰
天保卯祈父酉　采杞午大明亥
四牡在寅爲木始　嘉魚巳火鴻雁申金
五際有天門戌本注　四始五際毛義應注
太始冊文爲詩所起百三四　劉迅說詩三千言百三五
李行修請置詩博士　九德九夏豳雅豳頌百三六
貍首似雅體非風本注　詩音律猶易象數
宋公成韶鍾樂百三七　學庸孝經引詩法百三八

補亡詩南陔義 百三九
陔夏以鼓陔爲節
夏侯湛補亡詩 本注
善爲詩者不說 百四十
詩無達詁
子建言胡顏之譏 百四一
說文稱毛有同韓者 百四二
得此䵳鼀
碩大且嬙
伐木爲刺詩 百四三
魯修泮宮衛勸學 百四四
鄭子衿城闕之刺
爲詩音者九人 百四五
我心慘慘爲懆
伐鼓淵淵爲鼘
古香止取蕭脂酒醴 百四六
后稷之穡由甽田 百四七
有相之道
興雨祈祈 百四八
以按徂旅爲遏莒 百四九
夏屋蘧蘧 百五十
關雎大明於始見義 百五一
思齊又爲關雎始
二南之業本文王 本注
文武皆有聖母
衛武山甫皆言柔嘉 百五二

土宇彌性相因證史百五三　葛生駟鐵變遺風百五四

唐風爲堯舊都　秦仲孫兵討西戎

魯以稷配天見頌百五五　季孫行父請命作頌本注

庭燎數遞降　刪詩篇數百五六

詩有刪章刪句刪字　孔子不刪詩本注

二南後次國風諸義百五七　邶鄘自別於衛

次曹檜豳思復二南

困學紀聞翁注編目卷四

周禮

周禮字數 標題注　河閒獻王得周官 一
唐太宗稱周禮　歆綽安石三用周禮
文中子程子知周禮　行周禮宜本睢麟
武帝及諸儒排周禮 本注　以周禮爲理財陰謀書
周公致太平之跡　周官經周稱禮之始 二
周官周禮之別 本注　漢注解周禮諸家
周禮置博士　成風卜偃稱周禮
今周官非古周禮　冬官屬地官不亡 三
司空篇雜出於五官　五官合冬官無羨數
周禮爲未成書　周禮止載六卿實職 本注
俞氏周禮復古編　周禮書成未行

周禮制不合書孟子　考工記爲先秦書四
漢博士作考工記　周官出山巖屋壁
塚中得科斗書考工　考工制度非周典
獻王取考工補闕　冬官亦稱事官
千金購冬官本注　竇公獻書爲宗伯文
補士取考工記序　易祓周禮總義
經禮三百五　經禮曲禮之別本注
周禮之名有七　鄭注周禮三誤
鄭注引王制司馬法　引漢官比周官
徐筠周禮微言本注　周禮三綱領
了翁止齋周禮三書　劉歆以周官文姦七
新莽襲周禮諸制　周禮內外官數八
制官格心輔德法九　冢宰領膳服嬪御

宗伯領冕旗巫祝　周輿替由臣庶
官常弛張證史　太師治王燕私事本注
內宰世婦屬外臣十　太公立九府圜法十一
顏注九府遺職歲　九府見爾雅管子書
九嬪放月紀十二　王宮士庶子證史十三
奄止上士證史十四　八則禮俗義十五
司徒以俗教安本注　王及后世子五不會十六
冢宰羞服之式　唐人誤解不會亦見九條注
膳服賦止關市　司徒司馬不言財兵十七
鄉遂兵財在其中　教典自經界始本注
後世言生財足兵　井田出夫兵之數
鄉遂互爲軍田十八　上劑下劑有萊無萊本注
土圭土其地十九　匠人建國諸法

參日景考極星　詩考工正南北法異本注
行人不朝不夕　師氏保氏教同居異二十
王門王闈之別　國子名稱別見
師氏三德證諸儒二一　周禮書外言師氏二二
保氏九數諸名二三　重差夕桀為漢法
合耦于鋤二四　里宰街彈室
里胥坐塾出民　庖人注蟹胥二五
籩人注鱐為乾鱻　土會土宜辨物二六
九州土物土宜之名　草人制見管子草土二七
土圭測地景差二八　歷測景差不同
地中陽城浚儀不同　諸公地或百或五百二九
言實封與兼附庸異　虞夏為殷之公
大司徒正治致事三十　大宰受會大計

車乘人數合司馬法三一
甸七十五人實百人
戰車重車先後
步百爲畝準今數減三二
小畝中畝大畝步數
九等地各爲三等三三
不易一易再易
遂人匠人溝洫制異三四
畿內用貢邦國用助
九夫十夫分合諸說
周制井田通天下
匠人爲前代之制
遂人溝涂因禹三五
稻人以水佐耕
司險以水佐守
鄉遂法弛證史
井田以制侯國王畿本注
合耦爲人耦牛耦三六
天官五鹽義及所出三七
式貢之餘共玩好三八
共玩好之失證史
邦布出入爲泉布三九
射御爲正心修身法四十
五御名義
貨賄用璽節四一
楬而璽之

司門正貨賄 四二
迹人官尚見春秋 四三
司祿闕由諸侯去籍 四四
外朝地猶漢殿 四五
周禮疏引星備書 四六
五禮之別三十六 四七
後世時行禮附周官
九磬之舞爲大聲
諸書言招九招九韶
律呂上生下生諸說 四九
太卜三兆繇頌諸辭 五十
卜師四兆事證 五一
方功義弓四兆義
鄭諤周禮解義
春官六龜之屬 五二
六夢亦見列子 五三
噩夢亦作蘁夢
大祝共祭 五四
肅拜猶今時揖 五五
眂祲十煇名義 五六
三夢十運九變
經運十煇同占
歲年分中數朔數 五七
準節氣中氣置閏法 本注
歲以建寅爲正
年從時王之朔

四時致日月法 五八　二至二分日躔景長
分至月弦望所在　曆法歲差
月行九道　星土辨九州封域 五九
十二次分野　分星州郡有改易
地紀天綱　五帝墟分野
五岳分野　唐一行論分野
歲星超辰年數 六十　太歲爲陰行地
外史達書名 六一　文字形聲之别
六書分文字　鄭注引內外傳字異 六二
司爟變國火救疾 六三　四時取火於木 本注
爟火權火　出火納火 六四
山林金錫厲禁　挈壺晝夜漏刻數 六五
司寤夜時早晚　昏明日出入異限

星見日出入異時
王昭禹周禮詳解
職方氏亦作識方 六六
兗浸盧維非雷雍 六七
治朝燕朝外朝分掌 六八
王服章不同公 六九
冕旒取法天數
司刑宮罪除復 七十
戎右贊牛耳 七一
萍氏幾酒證經 七二
典命朝儀同大戴 七三
狐貉不踰汶 七四
有虞上陶遺器 七五
周人上輿軌度 七六
車輻言擧同葥 七七
冶氏鋝十之注讀 七八
㮚氏爲量尺度 七九
嘉量銘祭侯辭文妙 八十
梓人文奇古
祭侯辭互見不同 八一
司儀君所問諸辭 八二
周禮有古書今文 八三
屬民讀灋
冥氏注鄭讀 八四
南郊圜丘異同 八五
禘爲五年大祭

配食明堂
魯之削爲書刀 八六
築氏爲削形製
雍州西無九畿地 八七
冀州北可畫五服地
師氏司隸衞王宮 八八
遂師及窆抱磨 八九
太史抱式占天時 九十
冕服各章形製 九一
弁服元冠諸形製
鄉遂都鄙授田法
旗物互建之義
師都非鄉遂大夫
州里縣鄙爲鄉遂吏
騂牲黝牲異用
祀神禮神取物不同
九州貢物非待朝
貢見二事不可合
豆區鍾釜容數
世室重屋爲連及
鄭剛中周禮解義
閒田餘夫羨卒義 九二
侯國三年貢士數 九三
興賢能教國子
征漆林爲禁奢 九四

困學紀聞翁注編目卷五

儀禮

儀禮字數 標題注
五禮亡軍禮一
吉凶賓嘉篇數
儀禮亦稱曲禮
臣瓚以儀禮爲經禮
事禮今禮
逸禮諸篇有存者
吳草廬儀禮逸經 本注
儀禮置鄭氏博士
中霤禮逸文
經禮曲禮皆有書
三千三百之數
獻王所得有禮禮記
文公謂儀禮無用二
文公善讀儀禮
十七篇有儀有禮三
孔壁多三十九篇
逸禮諸篇名
古文禮亡於隋前 本注
禮古經五十六篇
古經出魯淹中
儀禮之名緣起

壞老屋得逸禮　鄭注引逸禮
天子巡守禮　朝貢禮朝事儀
王居明堂禮　烝嘗禮入學禮
天子拜日東門　帝入五學各事
古大明堂之禮　明堂禮三出闈視事
中霤禮軍禮　禘於太廟禮
聘禮釋幣制　張忠甫儀禮識誤
儀禮五傳弟子四　未冠笄著卷幘五
滕薛名蔮爲頍　兄弟畢袗玄六
士冠醮用酒七　士喪商祝夏祝
儀禮不言周本注　燕禮言諸公
五十以字加伯仲八　古人重字
初冠稱伯某甫　先伯仲後字以序稱

先氏後伯仲以尊稱　令月令辰文互見 九
三加醴醮各辭　日入三商爲昏 十
昏期取陰之來 本注　鄉飲酒三尚 十一
鄉大夫本作卿　鄉飲酒禮有四
鄉射設豐形制 十二　豐侯亡酒圖爵形
燕禮洗當東霤 十三　四阿東榮
重屋夏屋　漢不諱喪服 十四
父在爲母　叔嫂制服
凶禮移二爲五　六朝人多精禮 十五
特牲不言牢 十六　太牢少牢中牢
士特豕饋食　歐公不讀儀禮 十七
爲人後降服不降稱　高抑崇不考儀禮
布八十縷爲一升 十八　聘禮君行一臣行二 十九

皮樹亦爲繁豎 二十　射儀合於賓筵行葦 二一
少牢饋食合楚茨　射禮有三
燕禮主賓致辭文 二二　覲禮宮壇方明 二三
士相見義補篇語 二四　鄉先生爲父師少師 二五
大夫士致仕教塾　上老庶老右師左師
庠序堂室異制 二六　豫則鉤楹內 本注
周立四代學　州學之豫同榭

禮記

禮記字數 標題注　大經中禮記文爲少
魏鄭公類禮 一　曲禮雜採諸書 二
若夫坐如尸衍脫　恆言不稱老證史 三
賜果君前證史 四　儗人於倫證史 五
將入門易爲適舍 六　放飯流歠齒決

醜夷不爭證史七　獻民虜田宅八
受珠玉爲禮衰　張拱葉拱九
君子欠伸義十　前有車騎周末制十一
射氏禮記音義隱十二　禮記隱義諸解
伯氏不出圖君十三　檀弓筆力勝左傳十四
檀弓爲六國時人　吾將安伎脫文十五
舜葬蒼梧九嶷山十六　曾元曾申十七
師偃子申詳言思　附庸以名字爲大小十八
附庸取義於城十九　南北東西遙近二十
周尺兼十寸八寸二一　孟春蟄蟲始振二二
仲春始雨水　驚蟄雨水互易取義
穀雨清明互易　雨水春分物候本注
命榜人脫文　七十二候增益二三

七十二候早晚　七十二候載曆
中氣候應日數　月令雁凡四見 二四
鴻雁來誤北　來賓賓爵兩讀
小正淮南記雁　月令分今古 本注
雁有父母子之異　魚上冰不言負 二五
虎交鵲巢早晚 二六　雉雊雞乳早晚
各書記物候互異 本注　司天有穹天說 二七
宿離不貸 二八　地氣上騰驗土檄 二九
冬祀行祀井同義 三十　唐刊定月令 本注
鷹化鳩爵化蛤 三一　物類以陰陽互化 本注
齍號無稷曰明粢 三二　好問近乎知 三三
執簡記奉諱惡 三四　曾子問詳於變禮 三五
禮運作者 三六　蜡賓之歎可疑

不獨親其親子其子　小康大同過分別
得夏時坤乾以觀禮三七　六情五性三八
仁者天地之性三九　懸弧禮本名矢數四十
冢宰降德於民四一　內則言教以齊禮
養老諸禮四二　悌達有四
家語大傳言養老　文王治岐養老
子能食能言之教四三　人君教幼子法
數與方名四四　教數日學書計
六甲五方書計　四十始仕去就四五
婦人守內則諸證四六　樝梨鑽之四七
樝亦作柤作查　士練帶率下辟四八
魯桓紫緌僭宋後四九　皮弁視朝五十
黈纊前旒取專誠　賜魯天子禮樂五一

盤銘以大學傳八九　知止后定兩義九十
惟善爲寶證史九一　三賓象三光九二
禮逸篇辨名記九三　禮器素青沿秦事九四
聘義輕財重禮九五　徐容居稱駒王九六
中庸注信知配水土九七　過可微辨不面數九八
兼職省費非王制九九　賜臣不過九命百
殷人先罰後賞百一　仁右道左百二
沐粱沐稷百三　善教使人繼志證史百四
刑不上大夫百五　影寢不慚爲愼獨百六
咏嘆淫液百七　月令言來歲二百八
共飯不擇手百九　穎爲警枕百十
舜葬蒼梧南己百一一　儒行之異十七條百一二
儒行經解非聖言　家有塾證義百一三

左塾右塾之坐　絜矩至不踰矩百一四
射圃拒人非聖意百一五

大戴禮

大戴撰注篇卷標題注　大小戴荀賈書互同一
大戴始三九終八一本注　大戴有闕有重出
大戴注誤鄭氏二　盧辯爲大戴解詁
明堂九室合洛書本注　易本命篇同家語三
武王十七銘四　金匱陰謀諸銘辭
古帝王銘諸器本注　武王東面受丹書五
朱子山谷書踐阼篇六　夏小正傳注七
聖人得國無日食八　勸學篇同荀子九
鼫鼠五伎　蟹二螯八足
如長日加益十　行所聞則廣大

良賈深藏若虛十一　冠辭迎日辭十二
公冠誤公符本注　五儀穆穆純純十三
禮察篇言審取舍十四　東有開明十五
庶虞蜚征　商老彭仲傀十六
仲傀亦爲中蘬　綴學之徒十七
傳言以象胥十八　反舌舌人
爾雅以觀古十九　靈公殺洩冶二十
鄧元去陳以族從　官人言少壯老無業二一
月令注引小正二二　夏小正無中氣日數
時訓因小正加詳　傅崧卿注夏小正
孔子三朝記七篇二三

樂

樂經以秦闕亡標題注　樂德樂語樂舞

五莖六英一　古皇六樂名異本注
旋宮以明均律二　變徵變宮相演
六十聲八十四調　七音清濁一均
二變四清　半律子聲
王朴考正雅樂　黃鐘爲萬事根本
用尺量定律　吹律得聲
徐景安歷代樂儀本注　陳晉叔樂書
范鎮新定樂法　房庶補亡樂書
景祐樂府奏議　景祐廣樂記
皇祐新樂圖記　蔡元定律呂新書
律當辰音當日三　六十律相生法
錢氏三百六十律　賈疏引樂經四
新莽立樂　陽成子長作樂經

大唐之歌樂辭　漢鮑鄴等上樂事
食舉之樂本注　樂經存亡
雙劍飛白五　挾琴赴曲
阮籍樂論　戴望之好樂
樂名歷代異稱六　周禮奏九夏
宋樂名永　梁樂稱雅諸名義
周樂稱夏諸名義　唐樂稱和諸名義
宋樂稱安諸名義　號鐘繞梁綠綺諸琴
蔡邕製焦尾琴事　琴賦初學記言古琴七
叔夜廣陵止息曲八　廣陵散爲魏晉名
日宮散月宮散　歸雲引華嶽引
廣陵散始杜夔　銅山靈鍾相應九
銅澡盤應鐘而鳴　劉歆鐘律書十

隋牛宏樂議　周無射鐘毀隋 十一
制氏樂止紀鏗鏘 十二　李延年變新聲
夏侯太初辨樂論　伏羲網罟歌 十三
神農豐年詠　黄帝龍衮頌
元次山補樂歌諸辭　竹彈歌
琴曲十二操名義 十四　伯牙作水仙壞陵操
制律必得真秬黍 十五　縱黍橫黍尺律異 本注
楊傑元祐樂議　劉昞太樂令壁記 十六
唐呂才製尺八諧律 十七　尺八爲笛名
元宗吹尺八謫人間　房介然善竹笛
聽音觀樂知風俗 十八　齊衰作大呂 十九
孔子鼓瑟見貍鼠 二十　蔡邕以螳螂疑殺聲
聶政琴成入韓 二一　晉孔衍撰琴操

鐘磬二八一堵 二二
十二子聲即清聲
劉几王堯臣論樂
禮樂互用無偏勝 二三
禮樂無全書 二四
詩與樂相須
子夏述樂記
魯賜禮樂不盡同周 二五
魯君臣後僭禮樂
魯夷樂止東南
鄉飲酒言三終四 二六
鄉樂爲房中之樂
大射歌鹿鳴三終
新宮三終無管詩

困學紀聞翁注編目卷十八

春秋

春秋字數標題注　春秋謹嚴一
學春秋爲切近法　用夷禮則夷之
史皇邪正相半　詩亡然後春秋作二
詩春秋相表裏　楚詩夏南無中國
魯莊忘父讎婚齊本注　春王正月諸說三
胡傳周未嘗改月　春秋名義本注
左氏言時先經諸證　夏時冠周月之非
元年義取體仁四　隱十年無正五
隱不書卽位　侵伐之數及義例六
古人卽位爲卽立七　輸平渝平相通
春秋筆削與文辭異八　游夏不能贊一辭

十四人求周史記九　百二十國寶書
星霣如雨爲修後語　棄取寶書得六十國
春秋非魯專名　荆公不爲春秋十
荆公以莘老詆春秋　雅言無春秋
春秋以懼見人性十一　書尹氏齊崔氏義十二
周衰諸侯有史十三　小史掌邦國之志
國史有內外左右　日食推驗不盡合十四
莊十八年不日食　交會後有不食頻食十五
日食之頻有脫簡　書時月多闕文十六
春秋事之深切著明十七　春秋猶律之斷例
春秋如用藥治病　公矢魚於棠十八
正二三月書王十九　書王之月總數
二三月書王存二代　紀侯大去國爲生名二十

隕霜不殺菽二二　有蜮有蜚有螟二三
魯僖禱旱修政二三　僖公世書雨書雩
春秋以名勸懲二四　公如京師非以朝二五
歸賵二書法二六　毋以子貴
齊衞胥名爲方伯二七　齊僖稱小伯
書郊書雩皆有故二八　昭定書蒐爲權下移二九
定公書元先卽位三十　春秋志火存陳
春秋三書孛三一　孛變甚於彗
齊景使禳彗　星孛東彗見西三二
恆星不見星隕三三　沙鹿崩
晉霸由師武臣力三四　晉納捷菑弗克
晉侵齊以喪還　晉通吳疲楚三五
楚通越撓吳　城邢列三國稱師三六

城緣陵書諸侯　城楚邱封衛
齊桓之霸十二會 三七　兵車衣裳會數
九合不必通糾　盟首止復書諸侯
盟洮序先王人　晉文會盟逼王畿
晉盟王子虎　桓文正譎事證
春秋甚幽而明 三八　春秋無達例
董子深於春秋　董仲舒春秋決獄 三九
漢廷多以春秋斷獄　公孫宏以春秋繩吏
禘太廟致夫人 四十　濟西田許田賂齊鄭 四一
取郜鼎納莒僕寶　貨范鞅竊寶弓
三叛人以邑來　魯如京師之數 四二
魯朝聘大國之數　王使聘魯之數 本注
魯隱奔天王喪　衛人立晉不書公子 四三

衛本都徙處　春秋書入國諸義 四四
獻六羽稅畝書初 四五　史表書初本春秋
陳同甫春秋屬辭 四六　公會戎盟戎
齊鄭聘盟使弟　世子忽歸鄭
許叔入於許　納幣覿用幣
鄭伯逃盟乞盟　宋公會盂戰泓
盟翟泉圍鄭　衛遷帝邱及狄盟
城虎牢戍虎牢　城杞城成周
羊舌肹習於春秋 四七　春秋爲國史大名
學春秋始終俱宜 四八　五霸即五伯 四九
三代之五伯　春秋五霸說各異
霸爲諸侯伯長之號　分三公爲二伯一公 本注
王霸無異道　王不書天 五十

桓去秋冬二時　春秋有天法王法
春秋爲盡性之書　春秋爲傳心要典
三忠臣書及五一　三叛人書名
書克段許止明孝弟　書仲子成風維綱常
郜鼎衞寶以義利書　遇清會稷以亂書
宣定立於仲季五二　叔孫昭子殺豎牛
晉文請隧弗許　趙鞅入晉陽書叛五三
襄王以狄出五四　淮夷列諸侯之會
春秋特書正名分五五　成宋亂宋災故
用致夫人　溴梁之會書大夫
公在乾侯五六　書居出居及在之異
雩閟蒐稱大五七　肆大眚
書大雩二十一　盟溴梁會申爲書變五八

申之會兆於宋　湨梁之盟兆雞澤
魯不會兆杏鄄五九　申之會魯不至
齊師宋師次郎　魯不亟於從齊楚
二尹氏以非禮書六十　魯大夫陪臣僭竊六一
左氏
左傳字數標題注　諸儒論三傳得失一
左氏三病十一事疑二　左氏有秦孝公後事
左邱明在孔子前　左氏非邱明八驗本注
左氏去孔子八十年　左氏立學以言劉氏三
左氏出張蒼家無傳　處秦爲劉氏
敬仲畢萬事非先見四　陶唐氏劉氏
沙鹿崩爲新都兆　夜明爲釋氏生
正義左氏立學語誤五　杜序優柔語所本六

穆后聲子婦人謚七　春秋中婦人以謚著
羽數以八爲佾八　傳中生而稱謚九
苦成叔非謚本注　富辰成鱄言周封建十
石祁子言可訓世十一　臣無貳心天之制十二
原繁臣節可議　鄭伯謂燭之武十三
上思利民爲忠十四　正時之義合素問言十五
杜氏長曆置閏之失十六　王貳於虢十七
王叛王孫蘇　左氏文多乖於名分
冀國冀戎十八　顛軨鄍三門
冀并於晉封郄芮　民未知禮未生共十九
民受天地之中以生　民生在勤二十
元愷之才皆德二一　狄之酆舒
鯀禹並言世濟失辭二二　貴能貧賤有恥證史二三

楚夏州衞戎州 二四
秦夏聲 本注
葵邱申禁見管子 二五
齊桓五禁有躬蹈者
晉文合諸侯申禁
趙衰以壺飧事封原 二六
諸侯諒闇用吉禮 二七
伯宗伐潞不待諸證 二八
西陸朝覿出冰 二九
火出夏爲三月 本注
韓宣子譽嘉樹 三十
宋伯姬婦中伯夷 三一
衞賜貞子成子生謚 三二
豢龍氏御龍氏 三三
寗殖愧諸侯之策 三四
先二子鳴 三五
子文逃富 三六
晏子不受富
鄭僑任怨 三七
司城子罕之賢 三八
非斯誣子罕劫君
子罕以不受玉爲寶 本注
臧文仲廢六關 三九
萇宏違天 四十
楚克陳爲天道
召陵臯鼬蔡衞異長 四一

會盟異長　晉楚互長
命孔子司寇稱祖 四二　夷庚爲平道 四三
齊入晉孟門 四四　匠慶以小君喪責卿 四五
衞公叔發名拔 四六　顏高弓六鈞 四七
冉有用矛樊遲爲右　有若宵攻
飛矢行人上下 四八　五十凡母弟有一 四九
春秋書法凡例　靡滅浞立少康 五十
師曠歌北風南風 五一　讒鼎崇鼎岑鼎 五二
鄭志宋志 五三　取長葛經傳異時 五四
左氏雜用三正　左氏爲古學 五五
公羊先左行爲今　鄭賈條左氏長義
左氏大官廚　公羊爲賣餅家
夏五長八 五六　舜出於虞幕 五七

虞幕非虞思
穆有塗山之會 五八
塗山有四 本注
將以璵璠斂 五九
孔子稱璵璠止斂
范武子家事治 六十
宣子吉射之敗
公孫成多饗大利 六一
猶秉周禮 六二
齊猶有禮
隱桓時大雪 六三
近寶則公室貧 六四
晉去故絳居新田 本注
班固不足離騷 六五
楚辭王逸洪慶善注
隨會知政盜奔秦 六六
趙襄子勝翟有憂色
祁奚救叔向
欒盈誤樂達
隨會趙文子相距年
孔子趙襄子相距年
宣子桓子之誤
杜氏世族譜疑帝系 六七
臧岑校本左傳 六八
杜預手定左傳 本注
岑之敬策春秋

孟獻子愛穆伯二子 六九　使臾駢送賈季孥
齊晉楚霸先服鄭 七十　虎牢城皋制一地
魯之家法不修 七一　桓宣簒兄
文哀淫亂　成風事季友
敬嬴事襄仲　周人以諱事神 七二
春秋不非君臣同名　投璧誓白水 七三
求諸侯莫如勤王 七四　辰嬴事無閨內法
木瓜美齊桓　唐風不錄晉文
定太子迎襄王正譎　隱焉用文證史 七五
秦穆悔過爲修聖 七六　穆公恤民諸語
楚共王論巫臣語　楚輿藍縷衰翠豹 七七
樂王鮒毀叔向 七八　梁邱據之佞
向戌求名不列盟 七九　趙盾崔杼不蓋惡

齊豹盜三叛人
春秋無賢臣論八十
原伯魯不說學八一
季氏貳魯侯八二
天警晉違天八三
楚辟我衷何故八四
君子違不適讎八五
儒爲二國憂八六
申包胥似張子房八七
棼冒勃蘇即包胥
包胥逃賞
莫敖大心沈尹戌
鄭文公知命八八
楚昭知天道
惠王知志
裨竈梓愼所言
宋景公時熒惑徙舍
趙宣子感鉏麑八九
春秋書災異九十
隕石六鷁
有雲夾日
天子有日官本注
宋襄求諸侯敗泓九一
楚靈卜得天而辱
國有人無人諸證九二
不有君子不能國

無謂秦無人　大夫不氏不名 九三
隱不爵命大夫　宋三世無大夫
君弑稱君稱國 九四　魯宗人釁夏守禮 九五
夫差報越 九六　王子朝以典籍奔楚 九七
老聃萇宏存文獻　晉楚之臣能互知政 九八
邲戰爲楚霸盛衰　蕭魚爲晉霸盛衰
以樂賞魏絳　范宣子假羽毛
春秋終請討陳恆 九九　孔門皆忠於魯國 百
手文魯虞友古篆 百一　春秋虞氏微傳 百二
虞荀張蒼傳左氏　儉德之共 百三
伯宗以直言不容晉 百四　國武子好盡言
晉不討大夫之逆 百五　弗問斬袪斷旌鏟 百六
晉之從政者新 百七　申叔豫戒薳子馮 百八

國語非邱明作百九　左傳國語互異
左氏爲楚倚相後　左邱失明有國語
臧文仲玉磬告糴百十　伯宗索士百十一
畢陽送州犂於荆　知果別族爲輔氏百十二
張孟談遇知過　邇者騷離百十三
騷離離騷皆楚言　鳴玉以相非武子百十四
王孫圉對趙鞅語　子產稱公孫稱國百十五
臧僖伯氏爲追稱　依蹂歷莘百十六
前華後河　晉寶犨鳴犢二人百十七
非國語非非國語百十八　子太叔九言百十九
越得歲吳伐之凶百二十　刑書刑鼎竹刑百二一
三尺法二尺四寸簡　能忍恥無害趙宗百二二
辛伯諗周桓公百二三　疑妻疑室疑相

左氏以成敗論人百二四　以多文辭舉是禮百二五
是謂一終言星百二六　益爲臯陶子百二七
臯陶庭堅不祀　庭堅卽夷堅
嫠不恤緯百二八　齊女有禮
莒婦投紡　誰能去兵證史百二九
鄭子能言其祖百三十　籍談志祖
衆仲胥臣善姓氏　行人子羽能姓氏學
君子務知大者遠者百三一　寤生義通寤傲百三二
王孫雒謀先黃池會百三三　晉四姬穆王盛姬百三四
叔向習春秋不知諫百三五　叔向衰於晚節
叔向女齊爲師保百三六　語晏嬰公室之卑
治杞田侵小　魯晉有先世典法百三七
魯田賦晉刑鼎　古志克己復禮百三八

胥臣言如賓祭　　左氏聞闕里緒言

主孟啗我百三九　　稱主不獨大夫

主君與主諸稱所屬

困學紀聞翁注編目卷七

公羊

公羊傳字數標題注　董江都治公羊一
何休爲公羊罪人　黜周爲二王後
魯隱爲受命王　五始三科九旨
七等六輔二類七缺　五行志多公羊說
獲麟推代周誕妄本注　血書白書之誕
春秋屬商　何氏文謚例
康成發墨守　公羊授受
公羊撰於壽及子都　穀梁引公羊文
春秋始隱公義二　平王惠公先後
漢廷以春秋決事三　石曼姑受命立輒本注
士匄不伐齊喪　大夫受命不受辭

天王不能事母
曹沫手劍劫盟四
齊紀九世復讎五
會夾谷不復九世讎本注
不討賊復讎非臣子六
狩于郜爲通讎
祭仲廢君爲通權七
齊桓震矜葵邱會八
盛桓公以夷五霸
衞石惡之惡以名九
仲孫何忌譏二名
二名有兩義本注
用致夫人譏立妾十
灾西宮誅去妾意本注
宋仲幾不蓑城十一
公羊鄭禮注多齊言十二
公子遂如齊譏喪娶十三

穀梁

穀梁字數標題注
傳主通經當理一
鄭地不在冀州二
秦自殽戰爲狄三
滅庸後秦爲楚役
伯宗攘輦者善四

俠爲所氏證史五　大夫未爵命不氏
庚子孔子生六　石尚欲書春秋七
歸賵歸脤之書　穀梁所得爲多八
范寧糾本傳六事　范注公言三家之失
大侵蒐狩禮合詩傳九　穀梁說四時田獵十
鄧公地爲某十一　穀梁子名及時十二

論語

論語字數標題注　有子曾子稱子一
史記言師有子之謬　有子言論
檀弓記有子不盡實　哀公問主於宰我二
虞主練主用桑栗　論語三家
張侯論兼齊魯　宅不處仁三
起子非助我四　管氏三歸二說五

舉直錯枉措爲加六　百世可知見乎起七
千歲坐致見乎進　默而識之八
屢空一說虛中　申棖申棠申黨申續九
達巷黨人項槖十　太師摯等在紂時十一
太師疵少師彊　考所爲觀所由十二
老彭一人二人十三　籛鏗堯臣至商
老氏自然無所作　互鄉在鹿邑十四
不舍晝夜十五　小人同比證史十六
近思遠慮十七　四教四科文有先後十八
進互鄉抑闕黨十九　一言興喪證史二十
佞人難遠證史二一　君使臣臣事君二二
父慈子孝無則義　孔顏孟三子氣象二三
孔子天地元氣　顏子和風慶雲

孟子泰山巖巖
麻冕純字通紂緇 二四
緅五入非一入 二五
所因三綱五常 二六
子疾病子貢出卜 二七
仁者無欲故靜 二八
智者日進故動
執禮謂持禮書 二九
雅頌得所易舊次
詩未刪雅頌之所
雅頌得所爲樂音
直躬證父爲信 三十
直人名弓
五臣爲五龍 三一
武九臣爲九駿
以博奕日問道 三二
仲尼不如顏回 三三
八士時世說各異 三四
八士在虞官
八士爲南宮氏 本注
孟莊子獻子 三五
夢見周公 三六
逸民不論朱張 三七
朱張字子弓
隱居放言 三八
放言爲置不言

不知命證史 五八　審富貴安貧賤 五九
鳶魚逝水見道 六十　聖凡心有昏明
涉沂風雩詠饋 六一　教之化民深於命 六二
蘧伯玉不對孫寧 六三　孫叔敖三相三去 六四
温故不知新 六五　足爲史不足爲師
蘧顏昏夜不改行 六六　曾子七十著書
孔子嚴事蘧伯玉 六七　弟子公伯寮申繚
縣亶縣豐縣瑣　鄒亶鄒單之異 本注
南郭言孔門雜入 六八　子貢對東郭子思 本注
無可無不可 六九　心身席割皆以正 七十
善人即吉士 七一　有恆即書常人
徵生高稱尾生 七二　鄭校讀論語五十事 七三
魯齊古論語異讀 本注　論語各家傳受注說

南子二一異說 七四　毋必亦有必 七五
易鄉黨言必　顏曾子貢獨受道 七六
子貢存魯亂齊 本注　子貢列貨殖
儒林不及游夏　循吏不及冉季
論語諸言勿字義 七七　顏子成己成物 七八
唐棣常棣不同 七九　闕黨互鄉童子 八十

孝經

孝經字數 標題注　六家異同 一
孝經非曾子自爲 二　行在孝經
稱仲尼同中庸　馮椅古孝經輯注
古文孝經 三　孝經家傳受 本注
諍父非責善 四　王介甫孝經解
是何言與注誤入 五　古文孝經指解 本注

閨門章鄙俗　范祖禹進孝經劄子
朱子刊誤分經傳　鄭注孝經非康成 六
顏芝得孝經十八章 本注　孝經列學議獻
陸澄論孝經　文王配上帝
爭臣爭子爭友 七　敬樂憂哀嚴五致 八
孔鄭分章不同 九　唐元宗注孝經
鄭注孝經爲小同　劉知幾等議孝經
比妻子於徒役　後人增章應古文
學教皆从孝字 十　孝經言不敢者九 十一
求忠臣於孝子之門 十二　盛綽讀孝經 十三
能事親則能事神 十四　嚴父配天 十五
明堂非以考配　事親終於喪祭 十六
孝無終始 本注　曾子全歸猶易簀

困學紀聞翁注編目卷八

孟子

孟子字數標題注　孟子自著或記集一
孟子稱諸侯皆謚　趙引中庸誤論語二
告子名勝亦名不害三　摩頂致於踵四
劉熙孟子本注　雪宮見晏子五
齊王由反手六　文王望道未見
孔子小管仲本注　琴張琴牢七
子張善鼓琴　周公施四事八
滕定公文公二謚九　滕臣引志曰十
齊王悅吹竽鼓琴十一　騶忌南郭先生
景差乘輿濟人十二　曾西即曾申十三
郅惲引忠賊二語十四　庠序孝悌證義十五

恥之於人證史 十六　琅邪羽旄合爲一事 十七
喪地不止七百里 十八　孟子有意無意佚語 十九
孟子外書四篇　守氣守約不正對 二十
誦詩讀書與古人居 二一　立命委心 二二
仁術擇術 二三　楊墨之學所出 二四
楊墨事實 本注　莊子言近子莫 二五
楊似老墨似佛 二六　仁安人義正我 二七
費惠公以邑爲國 二八　仁人心求放心 二九
曹交以國爲氏 三十　三子知聖人汙 三一
趙注孟子非全文 三一又三五　禹生石紐西夷人 三三
孟子字子車或子居 三三　林氏續孟子 三四
孟子疏僞作 三五　宋槧本孟子 本注
孫氏孟子音義　置郵語本孔子 三六

墨子薄喪託禹 三七　齊王多好遠賢證史 三八
好樂當讀爲悅樂 本注　上好下甚證史 三九
不仁得天下證秦 四十　湯曰天吏尹曰天民 四一
孟子學伊尹之任 四二　仁在乎熟證諸子 四三
子路管仲之別　諸侯之寶三 四四
天吏伐暴證史 四五　民爲貴證史 四六
善推其所爲 四七　收斂此心以求放
守身爲大 四八　行不義得天下證史 四九
難罔非道證史 五十　道一而已 五一
孟子屢言人倫 五二　不祥蔽賢 五三
滄浪之水 五四　滄浪歌互襲
恆心惟士證孔孟 五五　修身見世自爲治平 五六
鹽鐵論引孟子詳略 五七　民心得失證史 五八

孟子終堯舜湯文五九　利與善之間六十
窮義達道六一　養心莫善寡欲六二
神農之教見諸子六三　孔孟不入秦六四
變置社稷六五　求在我求在外六六
三宿出澅當爲晝六七　以刃與政六八
仁勝不仁六九　蓋大夫蓋祿故址七十
五霸等遞爲罪人七一　戰國作俑晉定
戰國而七國之　孟子檢發卽常平法七二
狗彘食人食　陳季甫求放心讀書七三
民無恆心謂戰國七四　文武與民好善

小學

終軍知豹文鼮鼠一　詔從竇攸受爾雅
說文鼨豹文鼠　邠國汃國二

爾雅四極　尸子述爾雅諸文三
爾雅注家疏家本注　犍爲文學郭舍人四
甥姪名義五　猶子從子從孫
姊妹之子　傳負版六
蒐懷羊亦言戎葵　蘇菽栯檍七
檟苦荼爲茗荈八　急就篇
牡蒙黃昏合歡九　鼤鼠天雞六駁十
彭蜞彭越蟚蜎　日及木槿
唐元度十體書十一　大篆九篇
說文引王育說　九經字樣
尉律試八體十二　士新時六書
古籀奇字隸書佐書　倉頡爰歷博學
繆篆鳥蟲　許慎說文

老復丁 十三 顏注急就篇淺陋
董彥遠除正字謝啓 十四 郭公郭亡
夏有闕文 書馬與尾當五
乳虎穴爲虎 殪戎殷壹戎衣
湯齊讀爲躋 烏馬魚魯
雒增佳隋去辵 辠似皇改罪
對以言失實去口 棗合棘朿去疎
䆃爲六穗禾 八寸策八十宗
丁字有尾鉤有須 趙爲肖齊爲立
龍卷龍袞元元端元冕 興雲爲興雨
鸞聲鉞鉞 鋃鐺鑠金根車
來一朿二縫 皐印白下羊四下羊
三豕己亥 秀九禾州三刀

文武爲斌日月爲易　貨泉爲白水真人
裴爲緋衣小兒　來爲四十八
三十爲卅　梁父七十二家
尉律四十九類　亙從二間舟
閏月爲門五日　安國書爲隸古文
楊雄訓纂　蕭何署書二闕十五
秦惠文時三石　大湫巫咸亞駝辭同
李斯前有小篆　月稱十三十四十九十七
乙子丁子己子　古字重疊爲之
呂大臨考古圖　毛伯敦簠銘周姜敦十八
眉壽綰綽十九　宣和博古圖本注
孔子篆季札墓二十　太公碑年壽二一
趙明誠金石錄　祭尊祭正祭酒二三

詛楚文卽巫咸文二三
秦誓文二二本
徐楚金說文繫傳二四
歙哭象爵取鳴聲二五
漢永初討羌符二六
安息國書旁行二七
右行左行下行書
梵佉盧造書法淨天
讀書須識字二八
小篆八分行書章草二九
隸書亦名真書楷書
歐陽詢八分為隸
書品六體論本注
郭氏汗簡佩觿
張伯英作草書
古今法言苑
邵氏律呂聲音之學三十
韻書先後應四時
經世圖聲音體數
宮聲兼五聲
聲經音緯
三十六字母圖本注
婆羅門書言音韻
七音三十六母三一
梵人長於音
佛經贊德偈頌本注

切韻法音和類隔　切韻指掌圖
華書梵書　諧聲譬況三二
翻切之始　永明體文用宮商
慢聲急聲　二聲合一字諸證
切韻唐韻廣韻三三　彩鸞唐韻上下平統
上下平分宮商　李登聲類
呂靜韻集分配五聲　四聲切韻四聲譜
四聲韻略　禮部韻略
窄韻附近通用　萬爲古文天三四
集韻始丁終司馬光　前漢古字韻編
廣韻姓氏遺充歸三五　賁育謬說
充以國爲姓　顏魯公韻海鏡源三六
宋諱避鏡爲鑑　自環爲私背私爲公三七

宋元憲寶玩佩觿 三八　蘇晁不忘識字
漢惟子雲稱識字　爲文宜略識字
無事好看韻書 本注　郭恕先佩觿義
夾漈譏說文虛設字 三九　拘桌胖僕等別隸
孫休曌龔自制字 四十　梁四公造字命名
三倉有訓纂滂喜 四一　揃搣皆媙 四二
不字其李點讀法 四三　李氏蒙求續蒙求 四四
蒙求平上平去遞間

總經

六經六藝 一　七經九經十二經
六經六緯　五經五緯爲十經
五經博士　四經象四時四君
孔子藏書周室　周續之趙典通經

文翁遣相如受七經　谷那律爲九經庫
六藝以易爲原二　五經合五常
文帝置一經博士三　漢置博士先後
傳記博士　五經傳受諸人
漢熹平至宋七石經四　衞恆祖得古文邯鄲本注
晉石經未成　唐石壁九經
毋昭裔捐俸琢石　宋石經分隸諸人
後蜀石經闕唐諱　張參詳定五經刊壁五
宋石經蜀陝二本　鄭覃進石壁九經
五經文字　九經字樣
發冢求詩書六　書必博見七
根株注脚八　六經注我
虞溥學誥九　聖人述史爲經十

六籍有經有史　書義如眞珠船十一
古人皆手寫經史十二　板本始唐末益州
後唐九經鏤本　巾箱中五經
傳咸七經詩皆集句十三　王羲之寫七經詩
康成注禮引緯說十四　河洛七緯篇數
七經緯諸名　緯候起於哀平
光武時信緯爲內學　秦苻堅魏孝文焚緯
李尋以緯說王根本注　宋隋禁收讖緯
讖與緯有別　歐陽請刪疏中讖緯
經疏有好有次十五　經注有行有不行
讀經未盡訾古人十六　讀經好高多躐等
孔子向北辰告經備十七　孔子爲素王元聖十八
慶歷前談經守故十九　七經小傳三經義

困學紀聞翁注編目卷九

天道

天去地道里一　七衡六間相去
二至二分相距　南北東西四隅相去
晷儀千里差一寸　天門地戶
二十八宿相距　天行里數
天起牽牛地起畢昴二　日月權輿星紀
天皆空虛無實形三　水浮天載地四
水輪風輪虛空　剛風大氣
天有四和四極五　日月徑千里六
大星徑百里　魯勝正天論
二十八宿度分七　斗有餘分
星度紀赤道　黃道度有斜直

靈憲渾天賦　丹元子步天歌 十四
五星房箕東井三聚 十五　恆星不見星隕
月星齒齔畢星 十六　趙尹皐傳天數
客星入太微入斗 本注　星家甘石巫咸 十七
傅說騎箕尾主女巫 十八　傅說星非商臣
天剛君堅 十九　日食不盡如鉤 二十
日食正陽之朔　月二十三食而既 二一
九星天蓬天芮等 二二　九魁六神
北斗七星外有輔弼　北斗九星相距
杓端兩星爲矛盾　風雲皆陰陽互根 二三
經緯星陰陽互根　天地各具陰陽
孔穀父星說倣天問 二四　莊子天運篇簡妙
傅元擬天問　黃姑河鼓織女 二五

善風怒風 二六　小祝寧風旱
昌黎以旱訟風伯　五色雲爲咎徵 二七
臚唱時五色雲見　月落參横景未真 二八
王及甫天經 二九　星見辰伏戌 三十
星正午中未　堯典中星舉四時
月令中星舉十二時　星至申爲流
七月流火　定之方中
堯典月令星差　班史分七曜爲二志 三一
星出辰沒戌 三二　三辰五辰十二辰
稱辰無定義　今日今辰之別
月令中星舉弧建 三三　東壁東井名義
南箕北斗名義　王景崇袞冕厭星變 三四
二儺攘日星之氣 三五　唐以後儀岳臺測景 三六

周禮日景測地中法　古測景在陽城

曆數

顓頊曆元起甲寅一　秦顓曆起乙卯
漢太初曆起丁丑　漢武改年太初應曆
史記曆術甲子篇　劉歆三統曆
四分曆庚申元二　甲寅曆效於孔子時
孔子修殷曆　殷曆不與交會應
十二公正朔不皆子　漢存黃帝等六曆
小曆大曆三　符天曆調元曆
王朴欽天曆　羅計二隱曜立成曆
曆右移律左轉四　曆以差改以驗用五
宋乾道曆　蓂莢爲曆草六
堯爲帝成曆　朱草合朔

梧桐知聞　伯陽京虞納甲法七
漢上沈括論納甲　九天九地
五運六氣應天地八　五六天地之中
六氣配六神　氣運於旱潦難通
十二相屬九　論衡十二禽
龍馬牛犬蛇義爲合　鴻荒年數十
十紀說荒誕　長含經言渾淪以前
經世書言開闢後　疑年譜主厲王以前
年略譜起共和　堯年起甲辰未確
史記世表年表之別　十一星推人命十一
三命五星　定之方中擇地法十二
我辰安在論命　子商見姓有五音
吉日庚午擇日　晝夜漏刻十三

百刻十二時六十分　三不能比兩十四
捐悶四維　數術記遺
太元經本老子十五　太元經新論俱有二
潛虛法太元皆心學十六　中爲心體
元虛見天地之心　氣候十二日一代十七
小榆中榆　中氣極氣
治曆有積算差驗十八　曆元卦氣所起同十九
豳詩十月言改歲

困學紀聞翁注編目卷十

地理

地志不必及人物標題注　明一統志誇多

杜君卿言地理四事　李宏憲斥地理通弊

宋儒言志主人物　四至八到

禹受地記一　崑崙之高本注

侑槃水出崦嵫　醴泉瑤池

禹本紀古圖書　赤縣神州二

八極裨海大瀛海　中國八十分之一

秦略取諸地　山東兵強由水土

管子以水道言民　風俗繫水土情欲本注

蕭何收圖書知阸塞　輿圖計里畫方

二寸爲千里　禹貢地域圖六體

禹釃二渠引河[四]	漯川爲二渠之一
勃海碣石	河從頓邱入渤海
海旁出爲勃本注	旁跣合聲爲勃
虖沱河徒駭河	烏鼠朱圉之地[五]
秦德公徙鳳翔雍地	章邯雍王爲槐里
禹甸至九陽山[六]	羽人祼民國
丹邱不死鄉	九江爲洞庭[七]
敷淺原彭蠡	豫章潯陽柴桑
帝女居洞庭山本注	姑蔑太末[八]
浙江出黟縣南率山	漸江出南蠻夷中
餘句之山	句踐地所至
越居吳王甬句東	齊棧道木閣[九]
齊王走城陽山中	楚北甘魚之口[十]

魚陂甘魚陂
沈黎汶山郡省并 十一
莋都冄駹夷
漢置蜀西南諸郡
荀卿爲蘭陵令 十二
蘭陵有二
文中子父令銅川 十三
銅鞮縣
同州本司州 十四
子夏居西河石室 十五
文中子河汾敝廬
地理志言風俗 十六
桐柏大復山 十七
淮水又至廣陵淮浦
淮陵雎陵
齊俗之侈始景公 十八
齊冠帶衣履天下
高泉山壺山出涺水 十九
涺溪在湘水南
元次山家涺溪
引漳水溉鄴 二十
舄鹵生稻粱
溝洫志民歌鄴令
西通武關鄖關 二一
洵水上有關
商周以封建禦邊 二三

唐以幽鎮扞契丹　夷狄入由郡縣削弱
契丹緣起　石敬塘求援契丹
滄州漢武臺 二三　唐伐高麗刻石
蜀道難言開國 二四　蜀王先世諸名
岷嶓庸蜀　秦滅蜀置守
天下水數 二五　水經注郭酈二家
水經三國時人作　桑欽通地理無水經
山海經附益地名　本草附益地名
水經經注舉水例　三輔黃圖作者 二六
水經注引黃圖四　神明臺九室
棘門石柱橋　船庫官改縣
武侯家南陽隆中 二七　天不足西北 二八
地不滿東南　九龍嘉德殿 二九

洛陽長生殿上陽宮 三十　元武門迎仙宮
東都改名神都　皋陶釣雷澤 三一
舜漁濩澤　服澤之陽
王嘉爲南陵丞 三二　南陵在霸陵南
治梁及岐 三三　呂梁山狐岐山
臨晉以限東諸侯 三四　武關函谷以限南北
鮑明遠登大雷岸 三五　大雷口小雷口
無過雷池一步　吳都賦茂苑 三六
長洲或蘇或東陽　欒城殺胡林 三七
陳思王愁思崗 本注　巴州奇章山 三八

諸子

曾子書切於日用 一　曾子書編輯著志 本注
律曆更相治 二　閒不容翾忽

苟變可將五百乘三　子思之年可疑

周廟攲器四　黃帝金人三緘銘五

輿几巾机金几箴銘　孔子逆姑布子卿六

羸乎若喪家狗　非十二子止十子七

史魚子思孟子見非八　荀卿用楚辭九

彈冠振衣　教非其人之喻

橫革直成爲禹輔十一　化益眞窺橫革

罩牢天下十二　三見齊王不言事十三

千萬人情一人情十四　荀子監本建本互異十五

五泰五帝　河間獻王言十六

獻王有功諸經　法言序在後十七

法言四家集注　宋咸升法言序

蘇氏論太元法言十八　太元法言擬經傳

稱漢公甚於美新十九　莽大夫
五兩綸半通銅二十　半章印青綸佩
靈根朋牖爲心學二一　殿奏太平十二策二二
太極殿原爲大興　文中子序述各經本注
河汾諸弟子　詩失於齊魯二三
封禪秦漢後心二四　房魏不守師說
閑心閑口閑門二五　中說去取文史二六
記注誣史道二七　張元素問禮二八
黎民懷德戎狄二九　王通弟凝續
王績題詩黃頰山壁三十　白牛谿講道
仲長子光天隱三一　獨游頌河渚先生
藏用以密　中說擬論語本注
汾亭操因釣者作三三　薛收白牛谿賦

孔子龜山操　詩分四聲八病三三
文中子世家傳系三四　王勃兄弟稱珠樹本注
劉禹錫王質碑　王無功北山賦並序三五
文中子諸弟未實　援琴鼓蕩什
文中子之年　李德林言文
問禮關朗　薛道衡見子收
房杜魏爲門人　王通好高自大本注
世説中説浮實三六　管子書多古字三七
管子尹知章注　召忽得天下不生
立后而手實三八　瀆田悉徙
管仲以爭利無後　管子非一人一時筆三九
輕重篇鄙俗　石壁著茅之謀
管子有申韓老莊説　賓胥無弦章決獄四十

景公以射思晏子 本注　黃帝六相 四一
黃帝討蚩尤　弟子職 四二
作內政教士之子　老子攙入語
佳兵不祥章　常善救人章
河上公注有二　王弼傅奕注老子
唯嗇早復 四四　老子言有所激 四五
申韓原於道德　生之徒十三 四六
常無常有 四七　荊公喜老子
無天下可有天下 四八　聖人適情 本注
谷神章爲養生宗 四九　谷神一作洛神 本注
五千文容成所說　除日無歲無內外
文子爲老子弟子 五十　平王問道文子
文子語多取於他書　文子篇數分析 本注

文子或計然辛研作
農家范子計然
積薪燎後處上 五一
老萊子齒舌之喻 五二
老萊子著書言道家
常樅語老萊子 本注
壺邱子林 五三
列子二師
列禦寇有道士 本注
列子子產同時
列子載戰國時事
列子以仕衞爲嫁 五四
西方聖人 五五
西極化人騰天
列子與佛書表裏 本注
狐父之盜餔餓者 五六
盜跖漁父篇寓意 五七
東坡疑莊子四篇
莊子祠堂記 本注
食十漿餽五漿
楊朱爭席
莊子書可化拘滯 五八
輪扁以書爲糟粕 五九
道之傳受以心 六十
庚桑楚篇皆禪 六一
老子猶龍 六二

用意如飛鴻井魚　莊子善言風六三
調調刁刁　女以妾聽之奚六四
造物則奚本注　干縣令異解六五
成元英莊子疏　儒墨楊秉四家六六
公孫龍子字子秉　列子釋文本注
越雞魯雞六七　君親事其心六八
聖人神人不過問六九　孔老孟莊同時
養知養恬七十　向秀注莊未竟七一
郭象竊向注　鼓筴播精言賣卜七二
郭注言恩怨夢寐七三　杜夷幽求子
墨翟禽滑氂七四　禽滑氂異文本注
庖丁行所無事七五　屠牛坦刀莫鐵
胡子著知言本注　王坦之廢莊論七六

朱子取天運篇本注　莊子言六經分明
豫且射白龍中目七七　神龜以因見夢
冰炭結於五藏七八　齊物論非欲齊物七九
吹萬不同而自已　莊子逸篇
諸巧雜十增二　莊子內外雜篇
各家莊子注本注　畏累虛
闕奕三士謀致人八一　元天之上
游鳧問雄黃逐疫八二　巫咸爲黜首驅疾
插桃枝連灰八三　鬼智不如童子
童子夜嘯八四　小巫見大巫棄茅八五
尹儒夢受秋駕法八六　空閱來風八七
桐乳致巢　紼謳由斥苦八八
庚市子堅毀王八九　子貢出卜孔子病九十

孔子從弟子五人 九一　離珠飼鳳鳥琅玕
鳳文聖仁賢智　善卷蒲衣師堯舜 九二
不啜不義水 九三　踞竈聽春秋 九四
羊溝雞塗貍膏 九五　欲見鳳遭燕雀 九六
豫章初生可抓 九七　失時鵲起 九八
六驥致金鐵 九九　孔子識沙邱辨士 百
鹿輿牛舍　青鷄愛子忘親 百一
聲氏牛問夔 百二　戴尊累十 百三
土羊得牛斷指得頭 百四　羌人燔死揚灰 百五
葉公好龍之喻 百六　驚怖顛病之徵 百七
射所見以鈞異 百八　函牛鼎蟻不措足 百九
鄭龍不愛身活人 百十　田而得士
梁君以白雁射人 百十一　公孫龍下車撫心

齊景不以人祠旱　獵而得善言
視皮輒囊喻學百一二　易牙知秋禽百一三
祝牧謂妻鼓佩百一四　泰山梁父勒石百一五
槐兔目鼠耳百一六　鷂鶘布穀之變又百一九
深目鳶肩百一七　禮若亢鋸之柄百一八
叔文相菩毋猶績百一九　好學爲福
學猶飛鳥羽翼　不學變心行
莊子逸篇十九　老子指歸引莊子本注
僮子行任車　卵胎爲鴻虎
積微之善至吉祥　身我神道
始不始生不生　金玉成積國不安
速賞深罰盜愈多　胸瘕不可鑿
蟁蝱蟣蝨不射斫　同明同形同利同功

陰陽始終　嬰兒忠於仇讎
窮谿之獸無兇虎　嚴君平以諱稱莊子
道德經象天地　楚人賣矛及盾
螝二首　有繫謂之縣
襄公知大體　禹問兩祖浣女
玉女投壺天笑　霓電虹
水靜猶明　海水周流致地動
朽瓜爲魚　梁麗衝城
何子朗擬馬捶　不生不化
盲無與乎眉目　則不假文履
蘭膏翠蚌致災百二十　鳴鐸以聲毀本注
薰燒膏銷　縱橫家蘇子
孝己事親夜五起百二一　舜讓天下蒲衣

太子晉服師曠　尸子書二十篇本注

勝母盜泉朝歌百二二　舜祠田漁雷澤百二三

舜若日月父母　劉彥和文心雕龍

程子子華子百二四　傾蓋語孔子

鬼谷輪師　河圖上躋下沈本注

風子氷樞　有大造於趙宗

程子前後不一人　叔向讒萇宏百二五

殷法刑棄灰百二六　衛鞅論囚赤渭本注

周衞士於從衡百二七　西周君獻地三十六

失度孤男成駒百二八　侯後雅推後推哆

桀染羊辛歧踵戎　桀時有干莘

榮夷終虢公鼓　崇侯虎導紂

優施驪姬　燔詩書明法令百二九

楚損枝官百三十　韓非子注
儒服妨耕戰百三十一　公孫龍堅白異同辨
鄧析子無厚篇　持鱣食蠶百三十二
深宮之女皆儀秦　虞鄭之扁鵲百三十三
輪矢不自爲圜直百三十四　左下距魏辱費金璧百三十五
西門豹納璽　亨阿封卽墨
郭開后勝受閒金　秦萬金閒信陵
二目視一國百三十六　鄭長者之書
聖人治吏不治民百三十七　高赫爲賞首百三十八
楚傒胥卬負　咎犯詹隱
石乞侍坐屈建　仲尼使視介子推
荀息累棊加雞子　楚共王逐申侯
晉文遇欒武子　葉公問樂王鮒

延陵生誤延陵王 百三九　徙赤菽賜田宅 百四十
債表仕長大夫　鞅徙木予金效吳起
宿沙煑鹽善漁 百四一　魯仲連子十四篇
柳子厚辨鶡冠子 百四二　伯己什己等五五至 本注
郭隗言師友臣役　伍里扁鄉縣郡
軌里連鄉　禍福倚伏
至德若不繫舟　烈士貪夫所徇
鶡冠子用鵬賦　玉璞鼠腊 百四三
尹文子　慎子言聰明瞽聾
承桑修德廢武 百四五　吳子四十六篇
韓信多多益辦 百四六　治衆如治寡
部曲爲分什伍爲數 本注　孫子十三篇
傷農事害女紅 百四七　李克七篇

鍾鼎銘番吾之跡 百四八　華山之博
郭有道碑無愧　昌黎誄墓
持金爲劉義壽 本注　周武帝除天下碑
伊尹五就呂尚三就 百四九　鬼谷子縱橫家
秦儀師鬼谷子 百五十　捭闔之術先揣摩
胠篋轉丸飛鉗　騁其巧伏其精
蒯通善長短說 百五一　縱橫家蒯子主父偃
戰國策名短長書　雋永長書修書
邊通學短長　鬻子書遺語 百五二
自長自短非增損　柔仁廉清各有貴 百五三
列貴虛駢貴齊　朱貴己臏貴勢
廖貴先良貴後　見後見詘
見齊不見畸　陳駢作道書

王廖兒良　宋鈃見少無見多
梓人傳本呂覽莊注百五四　予功以主不以佐
賞巧匠遺規矩　起昌陵疏本呂覽百五五
屠黍去晉歸周百五六　臧三耳三牙百五七
壹動而五美附百五八　冠履不易用百五九
日中必彗　太公六韜
金版六弢　尉繚子
因水因地因時　張夫人諫苻堅本注
有因成無因敗　清澈富媼百六一
調和大暢　郊祀歌后土富媼
文仲勝盜自矜百六二　寒壽暑夭百六三
鱻以寒餓引日多　道家冷醫家温本注
春貸秋賦民皆欣百六四　魚德蝯腸

種樹傳本淮南　鼈馬爲聾蟲 百六五
狂馬猘狗　龍聽以角不以耳
學猶渴飲河海 百六六　李少君家錄 百六七
葛稚川乞爲句漏令　抱朴子內外篇
漢武禁中起居注 百六八　漢武故事
穆天子傳體制　女史內起居注
夢與少君登嵩山　西京雜記
荀悅申鑒　韋編鐵擿漆書 百六九
黃石公素書三略 百七十　風后化老子授張良
朱買臣好學 百七一　流粟漂麥
禮從宜不從俗 百七二　慎子十二論
鄭簡公任子產 百七三　抱鐘而朝
景公田署粱忘返 本注　泰士子牛治齊獄

泰祝子游主宗廟　申田主田野倉庫
齊景以五子比四支　晏子言爲知本
蔡中郎祕論衡 百七四　王充師班彪矜己
王充厚辱其先　詆孔刺孟
宋人學而名母 本注　蔡氏談助
周成魯哀問舜冠 百七五　胃皮句顛
東戶季子 百七六　雁行不拾遺
餘糧宿畝首　子思子二十三篇
老氏以無爲德 百七七　咸言虛不言無
劉邵人物志　泰否出絕不常 百七八
出乎顏淵韋元成 百七九　黔婁子四篇
覆舟奔車無夷孔 百八十　魏武刪削孫武書 百八一
闔廬盡觀十三篇　婦人試戰

困學紀聞翁注編目卷十一

考史

世有三士一　國策韓非誤張儀
韓非初說秦　鄒忌田巴論誤美二
管晏遊觀對　狐咺諫齊王三
檀衢東閭行刑所　狐援類洩冶
莒即墨不下燕四　田單以即墨復齊
即墨大夫諫入秦　汪立信移書似道本注
文天祥策四鎮　孫武策吳破敵五
國策逸文遺事　燕王與樂閒書六
樂毅答書燕王　絶交去國七
公孫宏有二八　漢晉時有公孫宏本注
國策逸文九　由余仕戎伐戎十

樂毅不圖燕　舜造漆器禹雕俎 十一
褚遂良論奢靡之始　齊威刑毀譽 十二
威王姬知佞臣　烹阿封即墨
田文非孟嘗君 十三　吳起商文論事君
三閭大夫掌族屬 十四　招屈景忠楚
屈氏亦爲甲氏　漢徙諸國關中
卞莊子館莊子 十五　陳軫論救韓魏
秦爭韓魏 十六　范雎遠交近攻策
韓玘亡韓　范雎論穰侯失策
李斯論趙高逆謀 本注　周赧後繫秦 十七
西周公東周君　六國纂於異姓 十八
召公澤及戰國　秦先取蜀後楚 十九
白起勝楚　富比陶衛 二十

魏冉商君　國策文不易得二二
董晉語回紇懷光　譚忠說劉總
韓愈狀晉謚美　滅周生高履齊生景二三
滅國自滅二三　秦滅於始皇
二世時七國並起　始皇除謚期萬世二四
新莽推歷紀改元　宋明帝給期三百
光武復租惕遠期　趙王不忍獻五城二五
尹翁歸不可干私　傅堯俞不敢餽陳金本注
燔書愚民二六　指鹿爲馬束蒲爲脯
子嬰刺趙高　銷刃箝語
比干秣馬金闕歌二七　殺桃林春秋屬晉二八
史記字數標題注　三皇五帝諸說二九
舜歷試在位年壽三十　太康至少康百年三一

史記不著少康功
祖乙去相居耿三二
思盤庚違序說三三
太甲桐亳年數三四
祥雉立廟說違序三五
九世廢嫡無中丁三六
大戊爲太甲孫三七
不窋失官奔狄三八
公劉避桀居豳
古公三子皆同母三九
文王受命稱王四十
武成言大統未集
受命作周
武王觀兵盟津四一
武王封先聖後四二
焦薊鑄黎封地異名
襄王叔帶爲母弟四三
周召共政曰共和四四
共伯和行天子事
邱首共山
后稷封邰由堯四五
伐紂卜龜不吉四六
穆王卽位年壽四七
五穀大夫事互異四八
賜秦岐西地四九
秦獻岐東地

秦境東至河　終南山在岐東
秦襄穆相去年遠　紀高后違經五十
漢呂唐武立紀　汲黯公孫宏事謬五一
汲黯歷官至卒年　史記有錄無書
渥洼神馬　咸池五車天横五二
參白虎位申非正西本注　敬王元王年數違異五三
貞王定王貞定王　史記疏略牴牾
吳世家光僚世次五四　史公採用世本說
闔廬刺王僚　斷髮文身不可用五五
太伯仲雍虞仲　太宰嚭入越未誅五六
微子牽羊把茅五七　燕世家召公疑周公五八
衛莊公再娶夫人五九　衛武簒兄共伯國六十
武公暮年箴戒　共伯髡髦早死

夷姜稱夫人 六一
鄭桓庶弟母弟兩歧 六二
虢鄶獻十邑 六三
桓公寄孥謀虢鄶
齊徙薄姑治臨菑 六四
齊頃欲王晉景 六五
諸侯相朝授玉
魯哀歸卒有山氏 六六
西伯太公陰謀 六七
言兵宗太公
伯禽報政之遲
鄂侯哀侯事 六八
晉城求爲絳都 六九
文侯錫命誤重耳 七十
史公未見書序
文侯重耳相去世代
申生母非齊桓女 七一
秦穆夫人非女弟
夷吾重耳母非姊妹
武王夢生子名虞 七二
夢龍夢蘭
陳佗免厲公事 七三
史記分一人爲二
史記以無爲有
舜姓姚氏後賜姓嬀 七四
重黎祝融吳回 七五

祝融後八姓　蚡冒熊達七六
楚莊王好讔七七　伍參子伍舉
燕世家孟子勸伐燕七八　稷契堯皆帝嚳子七九
鯀爲舜五世從祖　堯爲舜三從高祖
舜非顓頊之後　微子封宋八十
管蔡周公長幼八一　畢公毛公
聃季載叔振鐸八二　林季載卽南季本注
魏惠王及襄哀紀年八三　反言論秦魏成敗八四
趙朔娶晉成姊八五　屠岸賈滅趙事難信八六
程嬰匿武事無據　王文恪記宣宗失實本注
孔子世家小聖人八七　墮都攝相年不合
伯夷傳多寫作恕八八　叩馬之諫難信
伐商已在位十一年　弟子傳言子貢失實八九

魯齊吳越事乖違　有若爲師撤坐九十
商瞿五大夫之語　宰予以不附田常死九一
闞止子我誤宰我　稱去邠事誤滕爲梁九二
刺客傳皆有害名教九三　曹沫劫盟事難信
豫讓真義士本注　張叔未嘗言按人九四
張歐不如釋之守法　五羖相秦事失實九五
楊雄後還而引其語九六　韓魏陪楚莊葬馬九七
史記載事先後顛倒　貨殖傳述子貢九八
陽由與黯俱爲忮九九　同車不均茵伏
汲黯折宏揖青　陳涉俲湯武春秋百
夾漈譏孟荀傳百一　游俠傳取近仁義百二
六家要指宗道德家百三　儒與五家並數
封禪書意旨百四　泥金檢玉

困學紀聞翁注編目卷十二

考史

三皇之書一　易以卜筮存
本草素問以方伎存　秦燒詩書百家
神農問太乙小子本注　本草上中下三品
藥分君臣佐使　唐愼微證類本草
帝皇王霸象四時二　莽時霸橋災
霸者繼空續乏　七國冬之餘洌本注
温公文潞詠舜詩三　舜崩蒼梧葬九疑本注
湘夫人以涕揮竹　虞舜不南巡
巡狩當總於禹　二妃不以期頤從狩
熟五斗米頃四　炊五斗黍許時
天官書占歲日風月本注　緋衣人召長吉

廉頗攻樂乘奔魏五　秦行金間李牧
郭汾陽解兵柄　周陽由擬汲黯不類六
鄭莊與黯同傳之非　梟鸞不接翼
賈生弔屈原七　跖爲秦大盜
莊蹻暴郢　楚不能禁大盜
楚莊蹻有二　莊豪伐夜郎王滇本注
唐蔑唐昧　秦利珠翠擊越八
尉屠睢將監祿轉餉　殺西嘔君譯吁宋
桀駿大破秦軍　發讁戍備越
尉佗求女爲衣補本注　蒙恬將兵北伐
士人贅壻略南越　淮南王諫伐閩越
美人和項羽歌九　楚漢春秋
項羽飲帳中作歌本注　丹書鐵券辭十

漢封功臣多不終　呂后欲爲高墳 十一
東陽侯張相如　下蔡亭長詈淮南反
漢啓九國皆同姓 十二　長沙以異姓王
班表削書之非　鬼神避斷行
水搖物作　趙高能誦名言 十三
樂書十九章 十四　房中歌郊祀歌
李延年拜協律都尉　淳于髡十酒說 十五
羅襦翠笄　滑稽傳言飲量 本注
齊用越人蒙 十六　鄒陽獄中上書
辯士匿名書 十七　二世爲十八子 本注
杜預撰善文　摯虞作文章流別
獻鵠獻鴻說互異　楚人沐猴而冠
蔡生舍木侯爲人　韓生說羽都關中

高祖赦令無自矜 二十
石鼓文不矜伐
漢詔周文齊桓並言 二一
漢制度霸王道雜
董子尊王絀霸
王任德霸任刑本注
魏晉王霸兩失
班史敍漢臣無倫
漢求才羣士嚮應
軍中皆左袒 二三
受刑右肉袒
王孫賈陳涉軍袒右
約法三章異讀 二四
淮陰羞與噲伍 二五
沛公欲留秦宮
鴻門讌項羽
排闥入見
狗屠非漢臣可及
未易可輕句法
漢書刊誤補遺 二六
朱子書論刊誤得失
三劉漢書標注
吳斗南爲五總龜
通鑑不忘符瑞 二七
漢高宋高射蛇事
惠帝立四皓碑 二八

文章緣起高士傳　楚山丹水
武帝決防年獄二九　明帝辨墾田牘
昭帝知燕王旦之詐本注　內長文字誤三十
周成漢昭喻苗三一　李悝盡地力之教三二
李克七篇　見細德之險微三三
漢書命世奇作三四　中興記傳不足觀
班固與諸人撰漢記　陸澄引史記注班書三五
班馬詳略文異　垓下戰先驕楚兵
齊陸澄博覽　古本漢書篇第三六
嗣王範得漢書真本　劉之遴等校漢書
之遴言古本之謬　梁人僞撰漢書古本
以後代史例說班史　范史皇后次帝紀
南北史諸王后妃次　西京雜記作者三七

庾信不用吳均語　吳均齊春秋通史本注
蕭賁善山水能書　漢書言號言聲字法三八
網漏吞舟之魚　王霸等爲廷平
王溫舒使吏督盜　韋平父子宰相三九
周勃亞夫父子相　平當父子
于長忠臣九篇四十　忠臣傳列陰陽家
七略別錄　董公魯兩生名逸四一
董公如時兩不著功　兩生如鳳不可羅
轅生脫屣圭組本注　陳萬年以諂教子四二
范滂姜敘母勵子　楊阜爲韋康復仇
翟義母不爲禍去本注　梁以韓安國距七國四三
荀藩等推瑯琊王盟　典午司馬氏隱謎
王蠋不受燕封　田單封安平君

封建郡縣之異　翟義與南陽
武臣勝儒者四四　辛慶忌救劉輔朱雲
張萬福拜陽城　成帝后趙飛燕本注
裴延齡傾陸宣公　韓說之救倪寬
靡有孑遺耗矣四五　飢者毛食
衞綰以戲車爲郎四六　鼎躍鼎官
武力鼎士　五屬國處匈奴四七
北地屬國後置　西河美稷
胡三省地理注稱佳本注　郭忠以張掖擊匈奴
張良爲張仲張老後四八　張湯張皓留侯後
張氏譜　相如爲自敘傳四九
馬班傳相如錄自　古人皆自敘風徽
漢財用之數五十　都內禁錢

少府領園地作務　淮南憚衛青汲黯五一
何武李尋論重賢　伍被言衛青將兵
徐奕步騭論重賢　不附王莽諸人五二
馬宮傳無事跡本注　宋金二史紛煩
五大夫城　中山五王皆侯
核中監　重常負貳
漢功德見諸儒書五四　陳平仲紀光武
孟堅頌孝明　董子制度之別五五
下食上珍　不窺園有五人五六
炫燁閉門讀書　號萬石者五家五七
廖剛四子秉旄節　石奮父子尊寵
馮揚八子二千石　嚴延年母責錄囚
秦伯平羣從之貴　張稚圭平獄之應

司馬安蕭望之萬石　三入官以上諸人 五八
漢文減喪服 五九　光武七廟共堂
魏祖制終服四篋　晉武合祀郊至
荀胡論喪制　顏倫善御 六十
秦漢末皆立嬰 六一　張竦陳遵殊放約 六二
秦少游以字見志　行難工處易持
智得不如拙失　趙忠定父行實
趙侯蹈儒所難　著作君昌言隱德
郢客爲侯 六三　李大善令隱川
楊炯令盈川　周校文苑英華
嚴延年劾霍光廢立 六四　昌邑王妻延年女
宣帝時三大議　武帝不宜立廟樂
戾太子謚　自言所舉及原爵 六五

平陽侯窋舉蠧錯　魯王道堅舉九齡
糊名易書之始　道侔伊呂策高第
魯王方嚴有禮法　張說所對第一
祥符中立騰錄　成公不受官祿 六六
成帝使郎受政事　太史公退處士
士安諸書不足據 本注　通鑑删樊英語
高帝爲謚號之始 六七　崔駰章帝謚議
恭顯始爲朋黨言 六八　管子國策言朋黨 本注
有果氏以新易故　因遺劍決翁壻事 六九
壻七子三遺札　巢父許由各一人 七十
山父不貪天下　毛莫如少路 七一
分館陶爲屯氏河　蕭該漢書音義
王式授詩褚少孫 七二　褚先生續史記

褚氏家傳　田何子裝傳易七三
樓護居五侯之門七四　陳羣雅杖名義
名號侯止虛封七五　樊噲賜號賢成君
傅寬賜號共德君本注　爵級四等不食租
裴松之注三國志　史雋漢雋雋永七六
壺關三老訟太子寃七七　令狐茂隱城東山中
東海相遺張敞蠏七八　張敞以正違忤
刑餘爲周召七九　魏相因許奏事
戚宦禍始宣帝　許廣漢誤取他郎鞍
宣帝益吏奉八十　黃霸以神雀欲上聞八一
漢惠後立無名子八二　張皇后陽有身本注
王陵黜王呂氏　賈捐之譏罷朱崖八三
楊賈更相薦譽本注　劉歆元詔責國不終八四

彭城絶食啗衣袖　繹侯畏誅被甲 八五
文帝裁絳侯　楊雄自比孟子 八六
校獵賦稱楊墨　樓護執呂寬養呂公 八七
朱家脫季布　趙充國不歸功於人 八八
眞卿咨賀蘭進明　諸史皆沿流春秋 八九
經與史分　漢宮室出入儀 九十
周衛擊刁斗　近臣不著鉤帶入房
匈奴書稱天稱日月 九一　突厥致隋書稱天日
許后以減用上書 九二　設爲屏風張某所語
端遇竟寧前　黃石公三略 九三
玉枕中素書六章　陰謀祕法
李藥師靖　臧宮馬武請伐匈奴
董子欲置名師養士 九四　爲博士置弟子員

明經以取青紫　教子擬籯金

漢延方聞之士本注　秦漢後清議尚嚴九五

陳湯韓信無節行　主父偃不爲齊容

士大夫愧李陵

困學紀聞翁注編目卷十三

考史

范史語近詞冗一　蔚宗自稱其史
翟公巽東漢通史　六夷諸序論奇作
馬后以援卒入宮二　致堂論馬援未核
馬伏波班未崇本注　雲臺不圖伏波
馬援戒兄子書三　王昶作名字戒子侄
戒人言過先自言　嚴敦通輕俠客本注
龍伯高敦厚周愼　杜季良父喪致客
郭伯益好尚通達　徐偉長託古人見意
劉公幹少所拘忌　任昭先內敏外恕
季良以援書致敗　裴松之論援昶傷人
明設丹青之信四　光武詔束手之路

東觀漢記　東觀儲書比蓬萊山本注
明告以生活　黃老養性之福五
光武聽朝講論不倦　明帝通春秋尚書
我自樂此不爲疲本注　謝承父條策文南宮六
漢尚書作詔文　中書舍人主文
謝承後漢書　鍾離意黃瓊諫旱七
成湯魯僖以旱自責　六事六過本注
郅惲占天象諫莽八　取以天還以天
魯丕廷對策文九　魯恭年八十餘
袁宏後漢記　文苑傳始東漢十
東坡書論秦漢文　漢魏晉政柄所歸十一
尚書中書門下省　三省遞重之由本注
唐合三省置政事堂　杜密劉勝居鄉不同十二

士大夫實念實事　杜季良以馬書免官
龍伯高擢太守　杜請託劉無干及
隱情惜己同寒蟬　王昱服善
佛書沙門始東漢十三　浮屠不三宿桑下
明帝夢金人飛行本注　蔡愔秦景等使天竺
攝摩騰竺法蘭　佛經四十二章
天神遺佛好女　革囊盛衆穢
襄楷上疏諫節慾　白閒雙鵠十四
黃閎弓弩屬　閩越王獻黑白鷴本注
大予樂應讖文十五　禹使范氏御二龍十六
鐘鳴漏盡禁行者十七　崔寔政論宜置座
四民月令見風俗十八　政論以嚴致平
景帝減笞爲輕捶本注　歲再赦好瘖啞十九

唐太宗不數赦　光武惑龐萌之佞 二十
嚴子陵規侯霸語　耕富春山不屈
楊震李固之進 二一　鄧隲梁商能進賢
關西孔子 本注　伯起兩奏乳養婦
魏昭爲郭泰供給 二二　荀爽御李膺
殷陶黃穆侍范滂　經師人師 本注
林宗三呵作粥　士大夫迎滂歸
陳繼儒門下雲集　袍袖拂滌
昆陽令結單立約 二三　都鄉正街彈碑
募役之始　蘇章借故人立威 二四
于禁斬舊友昌豨　源懷劾于祚尼須
一天二天　精廬精舍講授地 二五
晉武居沙門精舍 本注　姜肱兄弟爭死

盜就精廬求見　任昉文章冠時
王阜欲出精廬　佛寺爲靜舍
于吉讀道書精舍　孔融答王修條教 二六
孔北海知有劉備　叔先雄持父尸浮江 二七
張真妻帛沈淵持尸　南匈奴注淺陋 二八
天公老秃翁　竇憲並恩兩護
坐樹大鯁　章懷與諸人注後漢
劉邠漢書刊誤　曹盱迎伍君淹水 二九
婆娑樂神非神名　邯鄲淳爲曹娥碑
蔡邕文半銘墓 三十　郭有道碑無愧色
胡廣黃瓊頌 本注　邕乞刖足成漢史
龍忌寒食一月 三一　子推被焚之誣
司火司烜舊制 本注　美稷童竹馬迎伋 三二

剖竹得朱書本注　玉況爲大司徒三三
陳留飛蝗不集本注　虞延進止從容
謝承書之誤　漢詔人主自爲三四
光武詔鄧禹進討　漢武令相如視草本注
漢晉春秋帝蜀漢三五　習鑿齒裁抑桓温
正統主蜀主魏三六　黄權以天象言正統
三國君殂皆應天象　赤烏夾日應楚昭本注
白虹貫日應吳僚　通鑑以藝祖正統
綱目以高宗正蜀　邵公濟武侯廟文三七
史臣壽姦言　譙周定議降鄧艾
郤正作降牋　壽夭可占世運三八
亮統孝直無大年　譙周以大年主降
武侯以敗吳思法正　譙周自以壽比向雄

魯肅稱呂蒙大弟　非復吳下阿蒙
譙登死梓潼之難　武侯言交在經遠 三九
武侯不用魏延計 四十　陳壽被捷誣武侯
昭烈武侯規模遠 四一　魏吳廢立制强臣
後主素服哀孔明　政由葛氏祭則劉
亮歿後代者皆賢　武侯屯軍五丈原 四二
據武功作竹橋射謚　姜維奏殺黃皓
黃崇勸瞻據險　斫綏陽以向陳倉
子龍伯苗戍赤崖　武侯書表中逸事
瞻尚綿竹死節　沓中種麥逃讒
畏蜀如虎　陸機晉史虛夸
蜀老知亮枉　武侯事多湮沒 四三
先主永安囑後事 本注　諸葛隱沒五事書

八陣圖遺址有三 四四　魚腹石跡如故
八陣形勢各異　君子龍潛鳳翔 四五
徽亮俱隱耕稼　水鏡採桑與統語 本注
伏龍鳳雛　孔明拜德公床下
魏徵先爲道士仕密　李密書招徐鴻客
鄧艾自陰平取蜀 四六　人心思漢去漢 四七
鄧艾入蜀自矜 本注　譙周上書議降
呂温武侯廟記　張陸崖山戰死事
魏文以嗣娛憂服 四八　魏文自比舜禹
子建拜墓宴吟　憲英知魏不昌
法術通達流弊 四九　魏文倡爲放曠
魏晉矯苦節爲曠蕩　秦漢來好尚變亂 本注
荀彧附曹比子房　荀彧爭九錫自殺

魏律用鄭章句 五十　律八例猶春秋之凡
子律違從闕供異　六經亞文
商君受李悝法經 本注　蕭何增益爲漢律
法律條數篇數　唐律周刑統
宋袞同姓之稱　節義臣齾姦鈓 五一
文欽等欲誅司馬　不附司馬諸魏臣 本注
晉齊史書忠逆顛倒　隋史不貶尉遲迥
諸葛誕疑懼不安　諸史書寇書叛曲筆
王陵索棺釘太傅　袁粲劉秉沈攸之寃
牛毛麟角之喻 五二　蔣濟上萬機論 本注
司馬孚自謂魏貞士 五三　全昱責朱三負唐
擊盆迸骰 本注　三世五世長者 五四
仕宦難於衣飯　管幼安如郭林宗 五五

蘇文定管寧贊　木榻膝處皆穿
郭泰不違親絕俗　文武郊酆鄗非中土 五六
孫權知俗儒誣文　虞氏江表傳
吳稱尊號郊天 本注　孫權破羽臣曹 五七
朱子言權亦漢賊　裴注論關羽孫權
況長寧甄文緯 五八　費禕圍棋辨賊
費禕害於郭修　呂岱戒元遜十思
嚴畯以書生辭軍事 五九　魯肅後軍屬呂蒙
陸遜薦式忘怨　堅策輕敵隕身 六十
孫權合肥越橋幸免　孫休釋嫌李衡 六一
諸葛恪受託孤詔　涂塘涂中清流關 六二
賀臘誅孫綝　孫峻薦恪殺恪 六三
諸葛恪剛很自用 六四　東關新城勝敗

晉史多采小說六五　曹干晉紀
孫檀二陽秋　棄史班宗徐庾
採碎事爲綺豔本注　房褚等撰晉書叢冗
元帝爲牛氏子之誣　劉遺民曹續無名
晉紀論近王化根源六六　豐城二劍事未實
師古不錄新異事　鮒魚鵩鳥寓言本注
張華傳載劍事之非六七　沈約喜造奇說
冒姓司馬之誣六八　宣帝酖寵將牛金本注
魏收元行冲信讖　郭展養生及馬六九
潘尼乘輿箴　晉諸公贊
存心審當及畜牧本注　庾后牙尺威帝七十
庾亮殺宗廢羕　庾后效和熹臨朝
殷芸小說　阮籍蘇門歌七一

籍爲鄭沖草勸進文　蘇門生嗣宗互嘯
反鏡索照七二　擬天希聖語所自
陶侃夢登天門折翼七三　忠節横秋霜貫白日
陶侃祖約不與顧命本注　温嶠邀侃平石頭
庾元規拜陶士行　王隱晉書佚紙於亮
秦以天醉得金策七四　庾翼論歲星應季龍
錢神銅臭本注　何曾荀顗非孝七五
何曾父子驕奢　荀顗阿附賈充
釋　以爲外懼　不去州郡武備
山濤非清談流　七賢不取山王
延年五君詠涓忿本注　王戎好利執牙籌
邵子西晉吟　荀勗夕陽亭語
石勒行販嘯上東門　劉曜陷長安

晉宋壬辰丙子事類

賈充結婚太子 七七
疑赦大赦郊赦 七八
謝安遊山墅圍棋 七九
謝元張元問禦秦
臣勝臣夏侯勝
王謝孫奉冊璽桓元 八十
朱子歎嗣守之難
陶侃非淵明祖 本注
昭明誤讀陶詩
侃子皆凶暴
題甲子不著晉號
桓元一廟不及列祖 八一
卞承之論桓元未核
忠義傳三人可削 八二
韋忠仕劉聰死羌
茂先華裴傾慾
譙登應傳不傳
王育劉敏元仕逆
唐許李修晉史之謬
淵明述夷齊箕子 八三
延之誄淵明
綱目書晉徵士
南史爲淵明立傳
淵明眷眷王室
魏志傳管幼安 本注

策用扶老藤梠櫝 八四　蔡順不理朽桔槔
淵明與子書　韓元長八世同居
汜稚春七世同財　賊不入韓仲黃境 本注
兒無常父衣無常主　顏魯公題栗里詩 八六
十題甲子始庚子 本注　葛巾漉酒
臥北窗稱羲皇上人　陳舜俞不奉青苗法
陳劉遊廬山六十日　杯蛇虎石二出 八七
蒼蠅集筆端傳赦 八八　嵇康以非湯武見殺 八九
晉史傳嵇康之謬　韓通附建隆 本注
山濤舉叔夜　嵇康證呂巽誣安
師引二敗爲己過　司馬昭惡甚於師 九十
昭以東關殺王儀　劉殷失節劉聰 九一
事君幾諫之非　干寶論晉創業異周 九二

晉焚石勒聘幣九三　晉破苻堅滅三寇
清談尚能自强　孝靜簡文悲詠九四
郄超請急省父　文襄使崔季舒毆帝
劉岳奉表元軍稱臣　上元尊號貢銀絹
元主命帝后爲僧尼　祖逖言晉亂由下九五
姚弋仲誡諸子歸晉　王猛願苻堅勿圖晉
宋末逃遁叛降諸人　右軍以翰墨掩九六
右軍遺殷浩謝萬書　謝安浮文虛談
王謝登冶城見志本注　曾子固墨池記
慕容雋恪足患九七　晛國以人爲輕重
竊范氏鐘掩耳　晉明石勒掩飾本注
楊盛不改年號如陶九九　清水氏仇池公本注
袁宏恥伍伏滔百　彥伯策桓温九錫

伏滔著正淮傳　葉舜玉攻似道仕元本注
謝邈徐邈校削詔辭百一　杜預恐伐吳無及百二
隋文代陳以顯行　吳張悌渡江決戰
韓擒降蠻奴平金陵　江左篇製溺元風百三
正始中王何好莊老　郭璞始變永嘉體
許詢孫綽祖元　集蘭亭諸人
羲之好服食養性本注　梁武帝勅撰通史百四
王暉業著科錄　高峻小史
辨宗錄本注　周顒言櫝寶笥衣百五
耳視目食　取果刻鏤朱綠之本注
篡晉篡魏未肆　劉裕弒零陵王
齊梁襲篡弒跡　徐傅謝死猶里克百七
文帝如叔孫昭子　廢營陽迎宜都本注

宋主討謝晦　宋文魏太武不克終百八
佳兵不祥好還　言漏衾袵難結商豎本注
荊棘凶年由師旅　齊武議葬裴后立石百九
王儉言誌墓非古　誌銘之始諸說
顏延之爲王球志墓　司馬越女冢銘
穿窨得王戎墓銘　張衡墓刻石二本
比干墓銅槃銘語　誌墓初用甎後刻石
繆襲葬親製埋文本注　石誌但述家世姻族
無德業不爲銘　賈淵世傳譜學
張融風止詭越百十　不可無一不可有二
米芾書艮岳賜硯本注　蕭子顯文破析刻雕
齊書虛美隱惡　梁武諱順稱應天百一二
應天從人語沿襲　顏見遠以齊士不食

梁詔通用足陌錢百一三　唐以八十爲陌
王章減所出爲七七　借陌字猶什伍
九陌省陌　皇甫鑄爲墊錢法
東錢西錢省錢　長錢短陌
三十五八十五爲百　私用至四十八錢
賈景與不負膝百一四　喻汝礪搨膝掛冠
宇文泰自擬伊周百一五　高歡逐孝武立善見
泰酖廢帝殺明月　魏長賢譏切時政百一六
魏收傳蘭艾混淆　高洋廢魏主自立百一七
石虎苻生僭竊　齊文宣委政楊愔
主昏政清本注　執笏始宇文周百一八
隋定紫緋綠諸等服　蕭方等三十國春秋百一九
萬乘不隙布衣　靜住子本注

梁世子親疾拜醫　東平王約以孝經諷
晉以賈充與士　隋以楊素與士
元感敬業異父祖　祖君彥檄煬帝百二一
明帝光武不異反支　李繪未入學通急就百二二
入學忌偶年　梁武策錦被事百二三
沈約疏栗事少三　煬帝忌燕泥庭草句
漢文自謂遜賈誼本注　僧虔以書拙筆見容
通鑑去取南北史百二四　李垕南北史世說
南北史多小說　萬寶常聽樂知隋百二五
房彥謙父子先見　隋惡走改隋百二六
去安步爲裂肉之謬　陳立國三十二年百二七
江左有人無人異說　陳軍南北支離本注
槐衮無絅牖忠　麾鉞鮮結纓節

呂文煥夏貴降元　蒙古得劉整知虛實
賈似道行打算法　魏帝陽瘖不終百二八
范粲陽狂不言　潛嘿晦身有過人量
寧死不生狗國諸人百二九　袁粲褚淵顧託異節
石頭城謠　沈攸之不爲齊屈
魯廣達悲君感義　賀若弼攻陳北掖門
郭質徼忠節討姚萇　郭質兵敗降萇
賈堅立馬射羨卒　劉思忌寧爲南鬼
田崧仇池之對　龐德不爲關公屈
辛恭靖不屈姚興　陳容願與臧洪死本注
文伯願見文陵松柏　元顯和願爲忠鬼
宋士死節諸人　范天順汪立信
牛富王福赴火　趙卯發夫妻死節

江萬里父子死節　芝山後圃止水亭
夏貴僮洪福不屈　李庭芝姜才被執死
李芾一門死節　尹穀以將死冠二子
潭民感義多自盡　韋孝寬知兵不知義百三十
尉遲迥討楊堅　楊堅篡國同莽百三一
莽堅女皆能守堅　顏見遠死節蕭齊百三二
顏之儀拒隋文索璽　顏杲卿真卿死節
顏之推歷事四朝本注　祿山牧羊羯奴
李希烈欲相平原

困學紀聞翁注編目卷十四

考史

唐分十道置府兵 一　言府兵諸書不同
折衝果毅府兵數　關內置府隸諸衛
更統軍爲都尉 本注　十道疆域名號
府兵緣起　鄴侯祖世掌兵任
隋鷹揚府　府兵得寓農法
兵歸府將歸朝　府法壞方鎮強
募壯士充宿衛　李泌子獄中著家傳
十哲配饗爲立像 二　開元詔十哲爲聖像
魏徵勸行仁義之效 三　突厥頡利罽賓服順
太宗文學徐庾 四　虞世南諫作豔詩 本注
范仲淹教人學唐賦　張公謹抵龜不卜 五

機會間不容髮　韓厥士匄不與弒
唐太宗臨湖之變　太宗重靖勣之守
堯君素射妻殉國　歷代贈勝國死節 六
劉原父東坡譏歐史　韓通陳橋死難
齊爲袁粲立傳 本注　晉錄傳許諸葛瞻
唐贈鷹擊郎將刺史　與焦千之言韓瞠眼
王融唐餘錄　治亂以賢姦久用 七
房杜秉政之年　李林甫秦檜久相
袁天綱相武氏之貴 八　李淳風知女主兆成
簡子夢遊鈞天奏樂　唐佩魚佩龜取義 九
金銀袋品級 本注　銅虎符銀兎符
銅魚符銅龜符　佩取魚衆鯉强
鬻牒度僧道尼 十　鍾紹京稱義男於宦 十一

倚楊思勗爲爪牙　刑人之言爲辱
林甫國忠等結高奄　高力士本姓馮
李揆以子姓事輔國　門第人物文學 本注
五父三絶　鄭薰不敘宦階 十二
仇士良碑誣妄　甘露事爲中官相戕
號隱巖七松處士　宣宗語韋澳畏內侍 本注
大赦得蔭子施門戟　李訓殺守澄謀去宦
士良挾帝誅戮　鄭薰誣鄭畋罪
席豫未嘗草書 十三　細猶不謹況爲巨
稱祿山公直無私　史褒小人失實
孔光黨王莽　孔光不言温室樹
嚴武欲殺杜甫之謬 十四　甫醉登武床斥其父 本注
冠鉤於簾三　杜詩眷眷嚴武

張九齡欲引嚴挺之　季鷹破吐蕃七萬衆
李德裕驚喜事誣 十五　杜悰黨李宗閔
安得訪此寂寥　武宗任文饒以興
謀議袞袞可喜　唐相辭學士加大 十六
李泌傳崔圓前誤後　唐改置集賢院 本注
試縣令理人策第一　韋濟實不副言 十七
薦方士張果老　少陵贈韋左丞詩
徐嶠齎璽書迎果老 本注　李翱面數宰相過 十八
求知制誥爲誣善　李逢吉出紳罷愈 本注
中書門下易班序 十九　宰相兼職除拜 本注
移置政事堂　李靖兵法及問對書 二十
附益李衞公書　李藥師與舅論兵 本注
改東宮畫諾爲準 二一　諸王以下官畫諾

學批鳳尾諾 令牋教啓諸名
天子肯下奏曰可 陳伯之惟作大諾
三東宮官畫諾留案本注 江夏王留塵學書
玉麒麟償鳳尾 范岑功曹諾
唐六典開元禮之善 二三 陽城奏罷矮奴貢本注
晉天福廢翰林學士 唐建官制理書
唐巡陵掃除芟薙官 宰相不兼錢穀 二三
劉秩元稹以官自責 二四 韋詩言愧俸錢
劉祚鄉黨房琯本注 元微之晚節改變
宗室表列宰相有遺 二五 李肱以宗室狀頭
宗室相賢否不同 唐制舉名目 二六
由制科至宰相執政 富弼才當大科
賜李垕制科出身 明無制科重一甲人本注

劉蕡名最高官不達
宋策制科諸人
中書六論題
昌黎試不貳過論 二七
劉蕡明春秋試直言
宏詞制科之別
應麟兄弟中鴻詞科 本注
李壽命子試極諫
策官畏中官不錄蕡
李承休聚書供饌 二八
袁傚進太元幽贊 二九
半千孫詞辨注射
李泌七歲能文 本注
韋應物補傳 三十
韋待價前後年誤
許珣韋應物無傳 本注
藝文傳闕薛鄭諸人
韋蘇州清德
庾氏絕劉闢不親 三一
陽城元稹孔戡之節
香山欲樊著一家言
屈軼手肺石心 本注
南內龍池
九齡龍池聖德頌
道俾伊呂科對策 本注
鄭餘慶書儀 三三

劉岳溫公增損書儀　各家著書書儀本注
起復冥昏之制　女坐婿馬鞍合髻
書儀七分好　唐宋將權專分異三四
貞觀三年易邊將　宋分州任將得宜本注
唐罷忌日行香三五　歷代設齋行香本注
香末散行爊手　國忌集僧道授香圓
唐文宗陷於宦寺　程異元稹阻裴度
唐帝語周墀制家奴本注　魯公爲汾陽廟碑文三七
端一之操堅明之姿　推赤誠蹈白刃本注
楊綰贈官無愧三八　華袞法賻之賁本注
江心鑄鏡三九　千秋節進方鏡露囊
童典綵囊承柏露　五明囊百草露洗目本注
宴百僚花萼樓下　無憂王寺佛骨四十

唐三迎佛骨
昌黎諫佛骨表本注
開佛書歲豐人泰
歷代通典用編年法四一
通子取法魯史三傳
續尚書載詔策章疏本注
楊文莊好言士族四二
諱行錄編登科進士
温彥博耗思不再朞四三
敖庾藏傷
賈潤甫諫李密心驕
十朞之變本注
樸鋌斯盡一義
骫桑餓人斯食
新史如虬戸洗谿體
馬總通歷本略論四四
公子曰先生曰
李翺奏史館定謚四五
行狀指事說實
范文正碑事誤
張文定草詔冊之誤
忠獻事實不相應
文正止壽太后疏
太宮履長之賀本注
升祔二后失禮四六
改左右散騎曰侍極四七

金蟬珥貂八貂本注　職源載見行官制
盧鴻一新史刪一字四八　楚越人烏乙疑鴻
唐一行師事普寂本注　徵嵩山處士入見
房元齡請解機務四九　斷章表閤門不復受
王莽辭宰衡勿受本注　南單于上書告杜崇
韓柳元白異操五十　子厚後附王叔文本注
元稹先後殊節　管華嵇阮異操
忠姦賢哲同姓名五一　唐白足禪僧蔡京
吳桓彝不署亮罪狀　晉桓彝死蘇峻之亂
南曾參北曾參　野人毛遂墮井死
王莽朱買臣有二本注　三董卓四王敦
九張良兩王匡　先曾爲僧諸人
魯公乞米帖言食粥五二　元載制祿厚外官

楊綰奏加京官俸　魯公自湖州召還
運命論言一人天下 五三　李康爲尋陽長
張蘊古大寶箴　沈約八十寫簿書 五四
傅隆七十寫書籍　李方元循簿籍役民 本注
孝宗問百僚廷爭事 五五　開元錄繫日條事
孫樵讀雜報文　周益公奉詔錄中語 本注
蕭遘九葉相唐 五六　蕭分皇舅房齊梁房 本注
梁蕭氏有功在民　姚崇陳十事始相 五七
通鑑以崇爲要君　戚屬不任臺省 本注
福先寺金仙玉真觀　説王三原先陳時政
詔使王起廣五位圖 五八　五運圖述古今治亂
太白上宣唐宏猷文 五九　太白爲和蕃書 本注
緋衣小兒謠 六十　張權輿嗾度應讖

帝城橫亘六岡象乾本注　金根車即桑根車
韓昶臆斷改字　綰袞擢第狀元
親耕乘瑞山車　韓昶自爲墓誌
罷貢淡菜蛤蚶六二　孔戣三上書去官本注
元稹罷貢海物郵役　畢炕不書忠義傳六三
廣平拒祿山死節　河北郡有顏平原
柳伉疏黜程元振六四　唐史不立柳伉傳
贄綷詞臣能獻替　吐蕃黨項陷無奔命本注
翰林待詔雜僧道等　皇甫湜孫樵文學韓六五
孫樵文謹嚴之篇　李翱文得韓之醇本注
皇甫湜得韓奇倔　孫樵得文訣來無擇
林寶姓纂謬誤六六　鄧名世姓氏辨證
齊秦非氏於國　鉏邱茅夷非複姓

鄭樵氏族略祖林林書　林氏出姬姓非氏地
班固鬻筆受金 六七　陳壽索丁氏米作傳
班史不言父從事　劉充濟齊名王勃 本注
劉知幾史事五不可 六八　孫盛王劭直筆取嫉
王韶之以史書懼陷　劉裕使韶之酖晉帝 本注
史通屢言王劭直筆　干寶直言受譏
李晟錦裘繡帽自表 六九　殷孝祖鼓蓋隨戰
狄青戰帶銅面具 本注　李椅常袞化閩俗 七十
淮西蔡人安悖逆　漢黨錮以節義著 七一
唐朋黨以權利合　錢李敗於貢舉事 本注
牛李奮私昵黨　甘陵二部相譏
宦倖恐君近儒好學 七二　仇士良教其徒蠱君
張布排韋曜鄭沖　李宗閔沮鄭覃殷侑

杜佑理道要訣十類 七三　重君子輕小人不斷 七四
漢武見黯異於宏　踞廁見大將軍青
明皇知林甫妬嫉　房琯非破賊才 本注
宋璟賣直取名　裴士淹以辨學得幸
善言善藥不可離　孟詵居名子平里
唐倚節度兵平安史 七六　河北分帥繼襲之患
僕固懷恩用賊黨　李寶臣爲張假子 本注
房琯建言諸王分鎭 七七　祿山以分鎭驚嘆
賀蘭進明讒房琯　程致道發揚琯議
晉元帝江左立業 本注　劉蕡以惡宦貶司戶 七八
劉蕡對策在宮始末 本注　眞卿鄭畋倡義討賊 七九
李昌言襲畋軍　黃巢陷東郡 本注
漢文制喪三十六日 八十　元宗變期二十七日

韓偓書歲銜不用梁八一　厚齋仕止比偓圖本注
白馬清流之禍　唐末節義數人
馮道楊凝式無恥　官韓偓後勸忠
致光香匳集爲累　偓允定策誅劉季述
淵明書晉處士　張公禮撰碑書齊官
僕固李日月毋罵子　焦暉白玉殺僕固子本注
渾瑊伏兵敗朱泚　李光弼韋陟各有長八三
光弼不入援憂死　朝恩程元振譖弼本注
宰相監修國史八四　唐主欲自觀國史
房魏父俱得佳傳　李成公常袞化閩八五
王福時執謚不更八六　許敬宗棄子黷貨本注
何曾忠孝以奢謚惡　許成易謚皆曰恭八七
陳執中以罪謚榮靈　漢唐戮贈異施八八

贈張衡謚忠爲奬賊　封德彝叛逆相唐
裴虔通削爵流徙 本注　漢唐宋戶口增減 八九
書唐六臣以貶惡 九十　書晉處士以表節
周世宗頒圖均田 九一　元稹奏手實抽稅法
均田表曲盡利病　歐公言不以天參人 九二
溫公言王霸無異道　胡氏譏分天人心迹
五代時寒食野祭 九三　紙錢之始
王璵習祠祭禮干上　蔡邕有取上陵禮
唐定寒食上墓常式　祭河用寓龍寓馬
錢若水不燒楮鏹　唐立青帝壇迎春 本注
諸陵寢時祭諸儀　五時牢具色食所勝
秦時駒欒車木寓車　康節比楮錢於明器
寓錢起於漢瘞錢　齊東昏剪紙錢代帛

杜正獻家祭享諸儀　杜嗣先兔園冊府九四
劉岳請馮道遺冊　虞世南北堂書鈔本注
天子廢置由士卒九五　唐明宗反爾報烈
明宗家世變故本注　告身綾紬錢罷復九六
百官皆賜告身本注　劉岳言告身制辭
周去符契用印章九七　銅虎竹符等緣始本注
符節敕宗雙下　史貶馮道春秋法九八
范質欠世書一死　馮道依違拱嘿本注
范文素本良輔弼　唐後主不和親契丹九九
石晉興士皆契丹　歲給金帛妻以女本注
薛文遇請呂琦失策　桑維翰草表臣契丹
割盧龍雁門以北地　景延廣激怒契丹
全昱凝式不從逆百　公是非在一家

楊涉持璽綬與梁本注　楊風子託心疾致仕

外黃內黃下黃地百一　歐史小黃地誤下黃

困學紀聞翁注編目卷十五

考史

唐叛兵逐帥將脅君　宋以階級著令甲 一
用儒臣爲郡守縣令　收節度鎭將權
史思明表誅李光弼 本注　李懷玉擅推侯希逸
肅宗偷安徇行伍　康張逐刺史王政
藝祖運量之大　高宗詔士師哀矜 二
廷尉天下之平　高柔請告劉寵名
游肇不奉勑曲筆　崔伯易感山賦 三
增田減賦　景德時藏富州縣
藏富於民於國之異 本注　公度自號曲轅先生
大行爲禁山失地利　一法百利論
謁京官拜伏非禮　真文忠言治體

立國理財御民用人　藏富天下
袁機仲論威權上下 五　臺諫阿合宰相
呂蒙正疏冊夾袋　傳休奕白簡竦坐
洪君疇長臺端　造謗詩尼賢 六
藝祖陳橋誓師三章　檢點身加黃衣 本注
長編采近著有遺 七　曾子宣日記
王定國甲申錄　李微之舊聞證誤
王沂公筆錄　執政輟坐論之由
長編不質言續通鑑 本注　李文簡致力長編
長編先失傳後出　王鞏號青虛先生
宋賦役十倍漢唐 八　林勳獻本政書
李微之言取三取四　并租庸調二稅
義倉役錢再租庸　春夫急夫夫錢數調

常平預買蠶鹽諸錢　課利淨利過利諸錢
楊炎均庸錢入二稅　耆戶長保正
折稅和預激賞丁絹　稅米義倉和糴
斗面加耗　上供格歲額
雜斂有寬剩禁軍　經制總制月椿
折帛和買綱運　都茶場榷貨務
東南三君子九　范文正名節
歐陽子議論文章　周子道學
宋儒學凡三變本注　歐陽以濮議從祀
止齋學田記　兩朝國史有託言十
非寇準是丁謂　蒲宗孟附呂非司馬
王允不令邕修史　丁寇報復以南北本注
重修哲宗實錄　元祐八年事無存

參取玉牒日歷足史
小人遏絕史書 十一
紹興相檜史最疏略
李文簡手記京檜事 本注
哲錄載思陵語
昭慈母后之賢
李常寧對策名言 十二
天下宗社成壞
劉行簡論君子小人
宋講行郊禮之年 十三
元豐後官制誤藝祖 十四
造薰籠事
呂正獻書坐右銘 十五
張覇戒子受不善
李秉家誡言少年
編錄善事自警 十六
書懿行詩文粘壁
胡原仲傳論語文定 本注
道州明道生皆道 十七
元祐黨人有附益 十八
慶元黨有非黨者
蔡編黨碑三百餘人
黨籍列傳譜述
慶元黨人家乘
小元祐
侂胄以鬭弁祖章蔡

僞黨五十九人 楊萬里未入籍
薛叔似皇甫斌猥瑣 歐集表周君無名十九
周堯卿孝友合歐表 三善士失征君名
寶儼定太廟四大舞二十 易大舞用原廟殿名
石晉故疆二一 劉仁恭割地遺虜事
契丹陷營平二州 灤州灤河烏灤河本注
石晉割賂諸地 契丹主冊石晉爲帝
割十六州失地險 盧龍之險在營平
平州路燕京路 仁宗制科十五人二三
何泳富弼蘇紳 吳育田況
張方平再舉制科 錢明逸彥遠兄弟
吳奎夏噩陳舜俞 錢藻王介
蘇軾轍兄弟 錢易制科在前本注

邵亢以宰相姻報罷　制科之盛錢氏一家
王彰所對不入等　汪輔之以無行罷
吳育蘇軾策三等　夏噩以私貸民錢廢
郊赦文襲遺匈奴書 二三　棄宗社爲薄物細故
朱子言乞憐仇讐　孝宗以近習察大臣 二四
秦客卿論大臣從臣　朱子論大臣小臣
徐鼎臣君臣論　文潞公蠹錯論
蘇明允任相論　石慶醇謹無匡正
皇朝文鑑有深意　士大夫異於近習
有位恥餽遺苞苴 二五　脯醢金珠詩文契券
投匭進封事 本注　高宗廟號陵名初議
太子參決庶務詔 二六　手詔用事之非
奄寺用故事建節 二七　王承休誤承宗

胡寧擢童貫經略　李輔國以宦王爵本注
田令孜以宦主兵　龔澄樞以宦師傅
南軒東萊不辭賜二八　胡忠簡繳欽夫章服
陳騤沮成公職掌　黃勉齋不足先輩
繳賜不欲老韓同傳本注　孝景重文鑑書
東萊象山學術二九　帝后神御寓佛寺三十
景靈宮十一殿　元豐時原廟六殿
御容告遷入內本注　別殿五以奉母后
曹輔有二人三一　秦少游調定海主簿
選人改換七階　曹輔子草履負擔本注
周恤巡內黨人　蔡京導帝微行
輕車小輦七幸　律疏刑統不同三三
孫奭爲律文音義　勅令格式新書

范質建議定刑典　初卽祚坐鴛頭 三三

緋羅繡帕覆七寶床　正衙法座形製

扇筤皆繡或銷金　內侍夾駕左右次

抱繡裹兀子馬上　更朝加覆黃帽

景祐郊赦錄叛後 三四　梁適石介事同遇異

詔書不具草諸人 三五　白居易辭除嚴孟制

東坡論不允辭免詔　周必大辭除貴戚制

莫濟封還錄黃 本注　倪思封還詞頭

蔡幼學尤精繳奏　韓偓不草廢喪詔

腕可斷麻不可草　師羿具衆耳目

蔣圖亭沼粗適 三六　恨林木未就

亭沼如爵位時至得　林木如名節久乃成

臺榭如富貴　蔣堂延譽後進

盧仲甫必爲佳器　尹師魯誌附論辨 三七
有宋先達爲古文　柳開穆修鄭條返古
鄭條著金斗集　師魯文簡而意深 本注
疾讀五行俱下　歐文欲以簡慰士友
宋文承五代卑弱　楊大年文事藻飾
柳歐等兩振文體　伊川不短前輩 三八
黝舍比聖門語委曲　和靖言在養忠厚 本注
剖析精微之功宜言　定大計惟謀臧否 三九
建炎後相多奸佞 四十　李綱沮於汪黃
鼎浚沮於檜及其黨　隆淳大臣充位
慶嘉政在侂胄彌遠　更一相曰更化
相賈宋士猶西晉　賈似道少落魄 本注
紳適草頭木脚 四一　草頭古天下苦民謠

薛胡聶趙爲四木本注　開禧貪濁之事四三
平原列壽禮天慶觀本注　扃鐍三十皮籠
以記問取人　梁適對次公名字
湯思退對生人婦　許敬宗對顓頊帝邱
竇德元勤職寡學術　封濟王意取水絕
降封巴陵非令典　厚齋請封鎮王賜謚
王莽時大旱濟枯　鎮王指瓊厓置史本注
呼彌遠爲新恩　彌遠清之議易儲
建儲更名同前代四五　君親觀史難直筆四六
時政記內廷日歷　一手揜天下目
宰相安與生事四七　李良嗣言遼可取本注
童貫賂女真得空城　葛勝仲王黼聯姻
胡文定久仕及罷職四八　朱子立朝日短

沈繼祖誣朱子十罪本注　朱子忤侂胄及平居

邵公濟世亂避蜀四九　築室犍爲西山

温公覽奏長吁五十　温公妻清河郡君本注

黄定策時政無諱五一　孝宗擢榜首能容直

徐霖上書著直聲五二　不爭公義而仇明德

史嵩之姦深本注　霖書發姦術多名言

趙汝騰推崇徑坂　初制策題寫卷甚簡五三

慶歷時罷寫策題　蔣之奇失書策問目

二蘇對策有遺五四　治當先內

謝安言何以爲京師　陸贄言虛實相養

曹參戒勿擾獄市本注　命秩分官有四

王儉論京師符伍　單穆公言錢貨輕重

温公等第策卷　圓钜兩號彌封

游復考行妻子夢寐 五五
和金戰金自守各議 五六
趙鼎再相無設施 本注
史浩與張浚詰難
呂文靖以子著美 五七
史直翁以子掩美
史所薦舉皆大儒 本注
申公明恩怨成君過
發策以時宰諱詔 五八
蔣良貴不避相家諱
張浚諱稱樞使 本注
胡文定父子奏疏 五九
唐以山水代無逸圖 六十
宋以山水代耕織圖
陳師錫奏圖畫經史
徽宗考試畫學
無逸爲元龜 本注
延春閣壁畫耕織
樓璹圖耕織各事
令禁中養蠶
二陳同論京卞
寫張去華元元論
吏治視上趨向 六一
漢唐循吏酷吏諸人
富鄭公使還辭遷秩 六二
願思夷狄輕侮之恥

澶淵役罪己待罪　倪文節論屈己盟戎
李延平論治道四言六三　愿中聞道遠引本注
王徐賣國牙郎六四　竇鑒唐琦不降辱
幵傳販國吳牙　袖石擊琵駡李鄴
梅執禮謀迎二帝　爲以安勞義利相權六五
吾輩八字箴　蔡元定師朱子同謫本注
李茂卿一門死節　策文擢魁可觀世道六六
宋與契丹八十一戰六七　張齊賢太原勝金
范韓使賊骨寒膽破　宗澤李綱沮於三姦
虞允文采石卻敵　儒生搢紳知兵
東萊策言遠過未備本注　二府觀賜契丹金繒
李伯紀奏巡幸三所　耿南仲每事撓沮
金主駐軍雞籠山　劉錡歎大功出儒生

小人乘隙由不和 六八　公孤無私無朋
元祐羣賢自爲矛盾　曾布不容韓忠彥
趙鼎張浚相侵抑　徽宗初政稱小仁宗 本注
攻河南罷光世異議　曾張竊君子之名 六九
宋史姦臣傳未核　相天覺兩爲商霖
張商英作姦諸事實　科舉誘致偏方士 七十
廢譜牒鄉貫之由　元祐諸賢昧夬卦義 七一
宰相非久居地 七二　司馬公仁爲己任
秦史夸者死再　陳恕第茶法三等 七三
手詔罷鹽法權榷　周均兩稅鹽鐵 本注
王仲山仲嶷降虜 七四　綦叔厚行詞責降
秦檜爲王仲山壻 本注　仲嶷啓懇秦檜
王珪爲三旨相公　襄陽置榷場築堡 七五

玉帶事如虞公子常　北使利誘黑炭團本注
二史居喪戀位七六　太學諸生論起復
徐仁伯經幄進言　四不才臺諫見逐
范鍾杜範入相　史嵩之榜掠應文煒
徐元杰諸人暴亡　堂食以毒無下筯本注
鄭寀不得中毒情　行安石學廢史書七七
經筵不及國風書誓　羣小僞作諫疏誣善七八
侯昌業時病疏僞政　冥官揭諦道場誣詞
鄒浩疏僞爲他子語　田令孜假賜緋不聞本注
徽宗詢立后諫草　學校興廢皆由崇寧七九
魚肉銖兩爲旌別　第文藝等爲三品
州縣殿最在學宮　黃裳言三不宜
蔡京罷科舉仿三舍本注　大學詩述花石之擾

三學攻訐橫盛　賈似道利啗三學
無名詩譏賈媚秀才　增六行忠和爲八行八十
八行二行八刑律士本注　徐中行逃八行科薦
眞文忠引四子自箴八一　魏了翁白鶴山教授本注
崔菊坡辭相　陳宓慕顏陶諸葛
朱墨銘驗理欲分寸　徐榮甫衣履垢敝
上蔡初造程子安遇八二　明道狀有聖賢氣象八三
呂祖儉論世變意氣本注　學無常師八四
譙定學易郭曩氏　袁道潔學於賣香翁
篋叟醬翁蜀隱士本注　譙巖有青城大面勝

困學紀聞翁注編目卷十六

河渠

戰國壅川壑鄰 一　碣石九河淪海
齊桓遏八流自廣 本注　定王五年河徙
河決酸棗潰金隄 二　千里隄
王尊祀神請身填　漢火德多水災
唐土德少河患　河朔地以屬藩不聞 本注
唐書載河決瓠子　滑州水壞西北防
博州黃河隄壞　賈讓言金隄高下
河徙頓邱東南 三　決濮陽瓠子注鉅野
鄃居河北無患　田蚡言强塞非天事 本注
故瀆商竭周移　河徙砱礫字誤
滎陽漕渠礫溪口　塞瓠子築宣防宮 四

龍淵宮亦名瓠子宮　萬里沙還沈璧馬本注
從官負薪寘決河　秦決河灌魏都
漢歌吾山平卽魚山　導二渠北行復禹迹五
二渠所出本注　播九河爲逆河
漯水所出　晉河岸傾壅龍門
梁山崩壅河三日　大陸澤名廣河澤
河決館陶分爲屯氏六　毛河篤馬河本注
決鳴犢口屯氏河絕七　清河郡靈縣
東北故黃河檮本注　河決東郡漂二州八
隄成改元河平　河復決平原流千乘
王延世再治河本注　信都等處河水溢九
李尋言勿塞觀水勢　求索九河故迹
枯洚渠卽降水　爾雅九河八名

八河所在諸說　一爲經流諸說
簡絜分合諸說　九河漢得三唐得六
九河當滄平二州境　齊禁曲防不塞河
淪海王橫一家言本注　首中尾三河包六
九河次從北而南　胡蘇扶蘇名義
碣石爲逆河注海地　按經義治水無隄防十
繇湮水有隄禹無隄　九澤既陂非爲隄
賈讓陳治河三策本注　禹鑿龍門山十一
鱣鮪渡龍門點額　砥柱亦名三門山
河出孟門本注　東受降城
南屈北屈　伊闕兩山相對
趙鞅使女寬守闕塞　淇口以東爲石隄十二
按視遮害亭西　河決魏郡十三

王景修汴渠成十四　河汴分流復舊迹
汴渠卽蒗蕩渠　滎陽漕渠礫溪口本注
景吳作浚儀渠　于岑積石爲八激隄
虖沱石臼河十五　羊腸倉積粟
鄧訓理石臼河通漕本注　河所出山曰崑崙十六
于闐山出玉　崑崙虛水出四陬
吐蕃西南河所出　西羌本三苗之別
河曲羌在河關西本注　積石西析支河上流
吐蕃黃河錄　張騫使大宛窮河源
河源有二　蔥嶺蒲昌海紫山
金城河溢十七

田制

秦廢井田開阡陌一　制畝二百四十步

秦地曠人寡　晉地狹人稠
誘三晉人發地利　百人兵農各用半
阡陌本井田舊制　阡陌名義
經畛涂所容占地　聽民兼并買賣
盡人力以盡地利　田皆出稅無欺隱
唐租庸調法　楊炎夏秋兩稅法
使黔首自實田　畝有東南異阡陌
遂洫溝澮縱橫無定　限民名田毋過制二
趙過爲代田法三　壟甽代爲播休本注
轅田卽三易之地　古畝百步漢增制
師丹建言限名田四　列侯公主名田之限本注
王嘉奏均田制壞　罷苑賜董賢田
莽更天下田曰王田五　檢覈墾田戶口六

隱覈法憑簿書　後魏均田制度
露田男婦分授　奴婢依良丁牛受田本注
唐丁口衆不授田　口分世業之田壞
北齊男婦受露田八　受輸調充兵
永業田桑田麻田本注　隋發使四出均田九
狹鄉寬鄉受田　唐武德初定均田制十
分黃小中丁老計年　唐步畝頃之制本注
唐制受田倍於周　豪右占田踰制
振貧無術許賣田　賈敦頤舉沒賦貧民
貞觀永徽戶口　斗米四五錢
行千里不賫糧　宇文融爲勸農使
檢括逃戶籍外田十一　兼并家私斂重公稅
陸贄請爲占田條限十二　均田圖製素賜諸道十三

周艾穎等分行均田　元稹同州均田奏
蘇氏論均稅之害　薛孫呂李爲國斂怨
宇文融召天寶亂　周道止於均平
方田法興廢本注　南唐以田肥瘠定稅十四

歷代漕運

穿渭渠通漕一　劉仲馮疑渭渠無迹
潰渭洞河　虢公敗犬戎渭隊本注
穿褒斜道通漕　褒斜水多湍石本注
沔合漢漢合沮口　褒谷商谷斜谷
寇恂河內轉輸三　鄭宏奏開零桂嶠道四
舊運從東冶汎海本注　自沮至下辨運道五
驢馬儌五致一本注　虞詡燒峽石翦水
嚴厲沃醯碎石　武侯由斜谷運流馬六

陳頭至壽春開渠七　鄧艾屯田著濟河論本注
宛邸百尺堰　杜預用滍淯水浸田八
開楊口達巴陵瀉險　石門渠爲古灤口九
使袁真攻譙梁開渠　敖城疊石遏渠口本注
千金堨五龍渠十　劉曜決千金堨灌石本注
張方入洛破千金堨　隋自蒲陜等州運米十一
廣通渠引渭水　各州置倉給京師本注
開山陽瀆通運十二　募運米能達砥柱險十三
三穿砥柱爲三門山　開通濟渠引穀洛水十四
板渚刊溝通運　汴水浪宕渠
穀洛鬬　吳城刊溝通江淮
末口或誤宋口非本注　永濟渠引沁水十五
征遼運東萊海口十六　唐于三門東西置倉十七

河陰柏崖集津三倉　鹽倉含嘉倉太原倉
開山爲陸運　劉晏按行運道遺跡
李泌開車道避底柱　楊愼矜兄弟能繼父本注
韋堅引滻水望春下十八　開廣運潭
姚南仲疏建望春宮　上津扶風洋川通運十九
汴水梁公堰通運二十　甬橋渦口蔡水通運二一
梁崇義襄鄧阻兵本注　張萬福發進奉船
杜佑策琵琶溝運路　疏雞鳴岡通舟
李勉治蔡渠引濆　改閔河爲惠民河
江淮運道咽喉甬橋　万俟著開金商運路二二
渭橋東渭橋置倉二三　横橋七百五十柱本注
淮陰項城潁澂運路二四　楊子院由縣改名
疏汴水埇橋泗上二五　漢志有兩泗水

荷氏或誤乘氏本注　浚五丈渠通青鄆漕 二六

引京索河入斗門本注　導汴水入蔡水 二七

蔡河古琵琶溝　楊侃賦言天設二渠

淯水溴水所出　黃帝登具茨受芝之圖

塞原武決河 二八　漕運源流因革本注

三代漕運法不備　戰國漕運非國都

秦始運天下之粟　漢唐講漕運漸詳

唐府兵漕運相消長　唐以韓滉米至相慶

唐宋運分三節四路　李錡因漕運跋扈

相風旗專官主管　漕運壞自蔡京

兩漢崇儒

漢高太牢祠孔子　魯人家孔冢百餘室

孔里講禮飲射　廟藏衣冠琴車

孔冢高廣步尺　異木百數無能名
闕里背洙面牆　武帝置五經博士二
爲博士官置弟子員　西京太學
太常爲肄習地　何武歌太學下
王咸以救鮑宣舉旛　王褒作中和樂本注
依鹿鳴習聲歌　立學校由仲舒策
韓延壽修治學官　文翁修起學官
詔諸儒講五經同異三　施讎與講同異本注
祕書藏未央殿北　礲石爲渠以導水
石渠閣藏秦圖籍　孔霸以帝師賜爵
孔吉爲殷紹嘉侯四　劉向說上興辟雍五
孔子世爲湯後　封孔均褒城侯六
孔損徙封褒亭侯　西漢孔喬封侯二一本注

褒城是亭侯非縣侯　言徙封以脫文誤
光武幸太學起辟廱七　明帝養老詣孔子宅八
白虎觀議五經同異九　祠孔子作六代樂
帝親稱制臨決本注　賜諸孔男女帛
祠孔子及諸弟子闕里十　太學講堂廣長
三九月行大射禮　孔子宅所在
州縣學皆立孔子廟　白虎門于門立觀
孔子先聖顏回先師本注　修繕太學造房室十一
試明經下第補弟子本注　增甲乙科員
太學國子堂東碑　詔諸儒正五經文字十二
蔡邕書丹刻石　熹平石經成于光和
封孔羨宗聖侯十三　晉後魏隋唐封孔裔
唐尊孔子文宣王　祖無擇言祖謚宜避

宗議改號衍聖公　顏子爲兖公本注
十哲爲侯夾坐　曾參伯孟子配享
後周敬禮孔子　葺祠禁樵訪孔顏後
明定至聖先師號　改大成殿爲先師廟
四配俱以聖稱　十哲稱先賢某子
祔祀稱先儒某子　去王號及公侯伯

困學紀聞翁注編目卷十七

評文

左屈始以文別經　漢時經術文章已分本注
流連光景之文　離騷稱楚君爲哲王二
屈子望君堯舜湯禹　史言王不明非屈意
左附經騷孤行不同本注　蘭蕙二草相似三
零陵香薰草　江離生海水似亂髮四
芎藭麋蕪藁本相似本注　芍藥可離實江離
杜蘅非杜若　蛇床似蘼蕪
蘄茝蘼蕪　九章哀南夷謂楚五
忠湛湛願進　披離壅蔽
聲有隱物有純　恭顯陷周堪劉更生
裴延齡陷陸贄陽城　漢元帝優柔不斷本注

唐德宗猜忌　宋玉登徒子偕受釣七
元淵或諱泉誤洲　陵陽白雪或作陽春
蜎蠉蠉淵便蜎　蜎子學黃老術
涓子著天地人經　餌朮得鯉符致風雨
元洲舍釣　古文苑得於經龕
騷左言羿澆二姚八　藝文類聚多格言九
女誡女典誡子諸書　道知驥世知賢
蘭形棘心玉曜瓦質　性明欲簡嗜繁氣昏
求高反墜務厚更貧　閑情塞欲
王粲潘尼安身論　論德吾薄說居吾貧
名利集純白離本注　英華出於性情十
賈劉楊張文如性　李注文選有遺缺十一
謂督勳勞督通篤　執友之心

李善號文選學本注　林挺瓊樹非赤色十二
瓊赤玉誤比梅雪本注　摶力句卒嬴越法十三
越子爲左右句卒　曹王皐自將教戰本注
十抽一推推爲椎十四　二十成丁以下爲推本注
魋結讀椎髻　佛書聖弟子三人十五
遣三弟子震旦教化本注　儒童光淨二菩薩
老子爲摩訶迦葉　詰咎文命風伯雨師十六
訟風伯本子建文　小黠大癡十七
各家送窮文本注　正月下旬送窮
張敏頭責子羽　子雲逐貧賦俳體
歐陽詹行誼十八　黃璞閩川名士傳
林藻賦珠見夢本注　四門溺妓函髻之誣
常袞比行周芝英　大行盤谷十九

李愿仕隱二人本注　韓柳不同道二十
師說闢佛作史刑禍　子厚不爲師信佛
紀封鏤牒臣不多讓　符命非立極之本
史在據事跡實錄　柳州文可疑諸篇二
馬退山茅亭記　百官請復尊號表
代令公舉裴冕表　請聽政第三表
代裴行立謝移鎮表　郴州謝上表誤柳州
舜禹謗譽咸宜篇　愈膏肓疾賦
劉夢得答戲語書　巨衡揣鈞石銖黍
食蝦蟇詩不傳　八愚詩石刻之亡本注
代劉禹錫同州謝表　上大理崔卿啓
崔元翰詔令温雅　答元饒州非次山二三
元蕣作冷泉亭本注　虚白亭候仙亭

觀風亭見山亭　其佐多賢 二三
鐃娥碑誤於傳聞 二四　魏仲兕鐃孝女碣
娥父醉漁溺死 本注　黃溪記倣西南夷傳 二五
悲汝南子桑仿天運　賀王參元失火書 二六
王栖曜茂元仲元　文以裁綴經史病煩 二七
昌黎以藝樹諭文　韓侍郎白頭戒 本注
袁淑驢雞九錫文 二八　廬山公浚稽山子
毛穎傳所本　水族加恩簿 本注
劉夢得文不及詩 二九　劉祭韓以文自譽
劉柳劉白 本注　周霍有勳伐闇儒術 三十
枚嚴善文章爵未顯　劉柳姚宋互有所短
隨陸無武絳灌無文 本注　二生兩公負所遇
德裕集鄭李兩序　魏鄭公砥柱銘 三一

禹挂冠遺履墮簪　梁簡文誡子書三三
立身文章異謹放　文可見行
謝沈文傲冶皆小人本注　大同哀辭三三
蕃歆寄宿知子年　扣門言所產年錄
黃申家子以兵死　落花芝蓋句摹倣三四
徐庾體綺豔本注　岑文本擬劇秦美新三五
師古以文本罷職　李善文選學三六
少陵詩言文選　天雞有二
熙豐後廢選學　非所望於蕭傅本注
宋景文三抄文選　宋初尚文選
文選爛秀才半　安石三經新義字說
元次山惡圓文三七　不圓為鄉為顯榮
范文正靈烏賦　戲兒圓轉器本注

獻百官圖貶饒州　元昊安議欲姓高
玉碎瓦全　李義山賦三怪物 三八
佞魑讒魅貪魃　白傅富壽樂健達言 三九
構石樓香山本注　鑿八節灘
黔婁子却聘著書　榮啓期三樂
衛玠體病多羸　口兵戒可食不可言 四十
慎鍵忍闇本注　秋儲競巧皆善奕 四一
養流睇李虎發本注　少游文潛學文於蘇 四二
秦得工張得易　長公少公以文倡本注
蘇氏門人四學士　仲庶氏吳句法本詩 四三
以姓屬州溪　豫章以樹名郡
懷璽未綴　嚴子陵釣壇本注
愚溪丹溪染溪　酸棗以棘名郡

溫公五規　元次山出規辭
梟狠不鳴噬非瑞 四四　猛虎雖伏非仁獸
呂向諫突厥入仗　文潞序言弛邊備 本注
訊黃石羅十二棊 四五　靈棊經占卜法
東方朔密占衆事　婦居不識廳屏 四六
言笑不聞於鄰　荊公表外祖母文
大樂十二均圖 四七　蠶對織婦問
三先生論事錄　文繡被牆屋 本注
緹帛嬰犬馬　顧子敦言爲程氏病
就山間讀通典十年　場屋文如校人魚 四八
文士文猶巧言　堯孔之文由道心 本注
太宗詔修三大書 四九　太平御覽編故事
文苑華英總類文　冊府元龜編君臣事

太平廣記小說類本注　修書役叛臣怨心
日覽太平三卷因賜名　中興賦序襲兩都五十
韓安國不能几賦五一　王子敬修禊詩不成
以詩賦罰酒　會蘭亭賦詩諸人本注
鄒陽几賦語　不可無此人此書五二
易天下大勢惟人　陳龍川科舉策對文
同甫以大有爲望君　一月四朝語可恥
樂毅論裴王異本五三　文選無崔實政論
右軍增刪樂毅論　末絹士師五四
閑眼諾大張槖　楊萬里以思陵去位
南豐詩文刺荆公五五　禮閣新儀序指新法
長渠記斥妄興水利　兵間詩刺徐禧
論交詩斥呂惠卿　孫仲益論曾王事

溫公乞罷諸使紛擾本注　欲決汴水漑田
議洩三十六陂水　開六漯河功無成
徐德占狂疏輕兵　呂惠卿傾安石
荆公子固始合終暌　子固未爲不能詩
少游謂曾不工有韻　賈生思周鬼神五六
賈誼以鄧通遷長沙　衞青仇李廣
𣦸蟄機牙不測　宋景文與鄭資政書
犪牛牲菌雞卜五七　張說宋公遺愛碑
東坡潮州文公廟碑　於粲荔丹與蕉黃本注
楮幣入策題非古五八　紙幣與錢相權
古三幣首珠玉本注　會子交子皆官劵
郭子臯監交子務　東坡得文法於檀弓五九
后山得文法伯夷傳　山谷問東坡文法本注

晉宣尸居曹爽怠　李園養士春申易
傳贊句法相規仿　意車文馬六五
理強意乃勝　氣盛文如駕
杜牧與莊充論文本注　辭采章句爲兵衞
韓非車馬鞭策喻國　翻空徵實語意六六
沈謝輩好作奇語　文主理不在奇
文潛與李推官論文　植於燕雲句法所本六七
飴同養老黏牡異用六八　顏太初文多足觀六九
温公太初文序　東州逸黨詩刺嵇阮
鄆州牧榜掠屬令本注　針工許希不忘師
祠扁鵲靈應侯　儒取富貴忘素王
聖祐弟襲文宣封　范諷好朋飲高歌
黎德潤以吏誣繫獄　是亦名樓園不名人七十

絜齋兩世恬退本注　宋賢姦三爭七一
由是非治亂爭存亡　温荆爭新法是非
陳瓘袖疏論蔡京　李綱策阻於耿南仲
曾開抗聲斥檜本注　非第安危止論存亡
陳瑩中罷職繳四奏　史龔記事文誤實七二
烏介依康居之誤　烏介走保黑車子族
郅支并丁令殺漢使　鄭珙以善飲死契丹
韋曜強飲之誤　劉沔石雄大破回鶻本注
鞊戛室韋之别　韋曜即吳韋昭

困學紀聞翁注編目卷十八

評詩

淵明賢之真 一　去羲農少復真
此中有真意　羅願陶令祠堂記
閑情賦白璧微瑕　責子乞食非所譏
述酒爲哀零陵　劉裕使兵掩恭帝 本注
張禕酖王自飲　文有先秦西漢風
東坡論閑情賦同騷　子美譏淵明有託
黃子廉飲馬投錢 二　吳黃蓋爲子廉後
郝子廉飯姊留錢 本注　飲水投錢事相似
雞鳴高樹巔襲改 三　杜詩滴博雲蓬婆雪 四
韋皐踰的博嶺圍維 本注　雪欄山蓬婆嶺
飲中八仙名氏 五　陶峴製二舟泛烟水 本注

女樂奏清商曲　客置僕妾共載
袁郊甘澤謠以兩名　飲仙或有裴周南
焦遂號醉吃　石壕吏爲硤石縣六
僕射如父兄本汝墳七　論詩未覺國風遠
朔方軍斷河陽橋　汾陽濁水之敗本注
悲陳陶永貞行公議八　房琯用牛車兵敗本注
血作陳陶澤中水　悲青坂
王伾王叔文用事　韋劉柳黨王
狐鳴梟噪　睗睒跳踉相嫵媚
昌黎以王韋貶山陽　寄三學士詩疑劉柳
黃閣非宰輔事實九　給事中爲閣老
嚴武妙年入官　三公黃閣之義本注
張敬兒語妻嫂開閣　李德裕驚不封敕

宰相稱堂老
送李晉肅卽賀父 十
三月三日賦
聚三都之麗人 十一
土門杏園地 十二
井陘關八陘之五
李郭横行河朔 本注
董秦從子儀圍相州
子儀破安太清
杜位宅守歲 十三
四十明朝過
盍簪喧櫪馬
列炬散林鴉
杜位以林甫壻流貶
示獠奴阿段 十四
獠男婦以長幼呼
阿蓍阿夷阿等
李之芳使吐蕃被留 十五
詩家秀句傳
雨過蘇端詩溢美 十六
文章有神交有道
蘇端毀黷遭貶
楊綰謚文貞改文簡
可歎行豐城客子 十七
羣書萬卷常暗誦
王季友白首短褐

見子如瓊枝　季友工詩入李勉幕本注
李勉不下韓國出宰　李義山掌茂元書記
五雲高太甲句義十八　張燕公不解碑語
七曜在南出聖人　華蓋旁六星曰六甲
帝所遊往五色雲起本注　太甲或當爲太乙
漢武受六甲靈飛　楊升庵襲困學記
閭邱均能文詭進　安樂公主薦閭邱
蕭使君詩杜自注二十　事嚴毋若己庭闈本注
陳倉石鼓遷徙　魏太武排仆秦石刻
佛貍好名不韻　嶧山碑以摹拓火焚
欲以數橐駝輿石鼓本注　鉉竦嶧山非真本
旌節二字本周禮二三　國忠劍南旌節導駕
蔚藍天亦作鬱藍二三　度人經三十二天

東帝曰鬱縕玉明 本注
初月不高星爭光 二四
成都詩喻意
日轂冥濛
杜韓少作未實 二五
國忠仲通朋比爲姦
張說子均垍仕祿山
于頔李實貪虐
昌黎稱頔實在始
杜美鮮于文不及武 本注
諷張均求仙得幸
魯公碑稱述鮮于
三奇戍或作三城 二六
陳洎等兵出三奇
黔蜀岸濺土銼
西山雪嶺松維堡 本注
八哀詩姓名 二七
蘇源明不汙僞爵
李邕不能治細行
鄭虔授僞職虧節
名士如珠玉象犀
殷浩輩有名無用
杜以儉德爲時砭劑 二八
明皇以侈致亂
別李義詩勉少年 二九
道孝王元慶後嗣

小孺繡芳蓀本注　顧誠奢文學善八分三十
李潮八分遜韓蔡三一　韓擇木隸追蔡邕本注
衞包蔡鄰能書　邕裔蔡有鄰書瘦勁
李陽冰爲太白從叔　鄭駙馬孝行三二
代國臨晉二公主　鄭莊任俠致賓客
寶主山林　館陶公主號太主本注
鄭潛曜刺血書祈神　橋陵詩同鄭顥夢聯三三
玉殿莓苔青　宣宗上僊兆鄭夢本注
池鵝詩言鳳池三四　梅聖俞謝鵝詩致謗
梅得生蒸兩鵝餉本注　讀山海經猶賦遠遊三五
淵明悲痛王室　精衞銜西山木石
刑天斷首葬常羊山　形天無千歲譌誤本注
厚齋哭袁鏞詩悲痛　息媯留侯詩見是非三六

杜牧之咏桃花夫人　王介甫咏留侯
息夫人見故夫守門本注　五言不始自李陵三七
優施中飲歌暇豫　成帝時邪徑童謠
十九首作者不一三八　宛洛語已及東都
傅毅作孤竹篇　枚乘作八首
禮言詩負詩懷義三九　式微詩聯句之始四十
柏梁爲七言聯句本注　柏梁作者二十五人
賡歌五子歌皆聯句　日月星辰和四時
挽歌非始田横客四一　公孫夏命歌虞殯
紼謳所生以斥苦　薤露蒿里二曲之分
韋孟致官夢王室四二　諸言生寄寓死歸四三
東方朔八言七言四四　詩七言八言句
合樽促席相娛本注　昔者先王受命

有如召公之臣　詩體無九言
張衡詩清典可味 四五　秋蘭嘉美人怨不獲
陳思王靈芝篇 四六　綵娛不獨老萊
韓伯瑜泣母笞不痛 本注　彥先以觀像悟焦通
古詩止雜擬追和 四七　和韻用韻依韻次韻
元白皮陸唱酬體　王肅兩妻致詩 本注
次韻詩六朝已見　回文及覆詩所自
蘇蕙織璇璣圖　盤中詩由中周四角
星星白髮生鬚垂 四九　柏梁河梁變體意 五十
杜韓詩文若元氣 五一　山谷詩得法少陵 五二
李杜韓柳俱學選　杜韓變多李柳變少
陳后山學詩黃豫章 本注　小學取杜詩古樂府 五三
禮鼠拱而立 五四　開弓射鵰吺

鶮然若謫之靜　高居限參拜
相鼠拱立稱禮鼠　君臣綱罟兵禮師小物
鶮共求代嶽伯　上日馬人來五五
馬留人以援後流寓名　中印度馬人戀主
林邑兩銅柱界南北本注　毗舍利王分身爲蠶
今月不如古月朗五六　今山古山今海古海本注
王冑死於庭草句五七　風度蟬聲遠
隋煬善屬文忌才本注　薛道衡死於燕泥句
忍事敵災星五八　呂居仁官箴取忍字
王沂公言喫釅醋本注　表聖以攖匪號耐辱
盛山十二景詩五九　韋處厚詩諸和者本注
盛山古巴東朐䏰縣　花樹韋家宗會法六十
花樸玉釭春酒香　伊川言骨肉通疎本注

一舸逐鴟夷之誤 六一
沈西施以美亦報胥
鴟夷一物一人名
高熲不留張麗華
張大碧黃居難名字 六二
李赤自言詩如白
孟郊推崇張碧 本注
十詠詩李赤誤太白
李赤惑於廁鬼死
黃樂地通名刺
陸魯望詩用太元 六三
紅蠻童麋鸚鵡
赤舌燒城
繞帳生犀一萬株
毛澤民詩所本 六四
買絲繡作平原君
黃金鑄鍾子期
毛滂以詩受知東坡 本注
李長吉七歲能詩
詠賈生文帝詩同異 六五
宣室問鬼神事
文帝夢黃頭櫂郎
馬子才慕徐節孝 本注
唐以詩取士 六六
鼓瑟霓裳詩取錢李
昌黎薦劉述古詩

唐試士詩賦題名次　太學生誦阿房宮賦
公薦通榜帖諸人　羅昭諫詠松見志 六七
昭諫說錢鏐討梁　唐六臣贊冊禪梁
杜荀鶴奴事朱温　賦無雲致雨詩 本注
陌上桑增損楚詞 六八　東坡歸去來集字
一字至七字詩　一字至十字詩 六九
一七令詞調　一叢花十戸賦 七十
白詩詠牡丹感時　兩片雲數鄉稅
雲叟詩傷珠翠　五千七百不言里 七一
八千三千俱不言 本注　方六七十等句法
提三尺盜一杯句法　昭蟹譏爾雅 七二
賣餅斥公羊　唐彥謙鹿門詩
白傳詩迂叟隱人 七三　温公獨樂園 本注

東坡名醉翁　堯韭舜滎禹代糧七四
李羣玉蒲澗寺詩　金鹽玉豉本注
舜華姬歡　自然穀薛禹餘糧
古樂府詞曲流別　倚聲製詞起唐李七五
漢立樂府設官製詞本注　賦騷曲引行歌謠等
寒山子詩用事屬對七六　施孟述同遇異
劉遵祖似羊公鶴　侏儒飽方朔饑
虞翻以青蠅爲弔客　二鶴化客弔陶
虞玩之更定黃籍　白徒白丁
青蚨子母錢　曹娥碑題八字
黃口白頭　穿七札讀五行
綠熊席青鳳裘　寒山子楚詞超妙
翠屏山寒巖本注　隱者拾得相往還

酒壚孟狗噬挈器　枕流漱石
公般爲雲梯　紀昌飛衞交射
巧人爲棘刺母猴　顧犬補牢不爲晚
衞洗馬比三王　鍾離春醜女
筆端鋒端舌端宜避　黃腸題湊
文王不忍露白骨　獼猴性捨一取一
音聲輪獅子吼　王子喬緱山白鶴
琴高乘鯉飛越　詩家景如藍玉生烟 七七
藍田出美玉 本注　今茲來茲謂年 七八
諸侯有疾曰負茲 本注　元帝蘭澤多芳草詩 七九
取古詩句爲題之始　六字常語一字難 八十
貧於一字　王儉四言有子建風 八一
九日元圃侍宴詩　寥寥清景

王仲寶名恐太盛本注　劉苞九日侍宴詩八二
移陰語詩詞頻見　晨露每看花蘤拆本注
陸詩言非閒寂不知　行行至吳會八三
吳郡會稽郡連稱　諸書言吳會皆二郡本注
百一詩譏切取義八四　室致陰臺積陽
李虛己曾致堯倡酬八五　浮聲切響
麗人行用八字最響本注　第二第五字要響
李公受呂本中詩啞　包豐詩俱可見志八六
秀幹成棟精鋼不鉤　水面獨搖風
包孝肅郡齋壁詩　豐稷不受籠絡
王化基詩実璞見志本注　清敏指斥章會不阿
處心作事戒著盡八七　邵子不著不盡詩句
安樂打乖二一吟本注　二正獻詩不崇居室八八

唐時木妖之號　孫叔敖以優孟重封本注
蕭何置田宅處窮　霍景桓何以家爲
文園家徒四壁立　太宗輟材營徵室
楊震以清白貽後　竈婢乳媼可開
老去生涯萬卷書　荆公詩多悖理八九
李雁湖發明介甫詩　李仁甫四子名
明妃曲淺漢恩樂胡　日出堂上飲桂水喻
君難託怨遇哀　重商鞅事相類
范沖楊繪論荆公心術　蘇文定論兼幷詩本注
譚勣惡王說多害變　文郭詩戒東坡譏刺九十
饒黎汪寓宿州作詩　呂滎陽麥熟繅絲曲
北客西湖句　文與可子瞻爲中表本注
東坡量移合浦　蔡安州詩以注遇禍

興也箋云之謔　畏口未畏文
饒德操祝髮名如璧　蘇門四文士九一
二蘇四客文品　陳后山答端叔論文本注
蘇門六君子別集　晏元獻韓持國雪詩九二
雪花六出本注　花雪降殿庭賦詩
謝莊以雪集衣爲瑞　軒龍堯鶴九三
二白鶴橋下語寒　今茲昔歲明年對舉本注
啓儛九代乘兩龍　禹使范承光御龍行
黃帝鼎成騎龍升　二黃人守日九四
青帝風青女霜　翟汝文伉直忤秦本注
太白明如李九五　雨不成遊布路歸
熒惑踰歲星如連李　客星大如李本注
星如玉李月上金波　温公詩柳風葵日九六

坡詩孤月此心明　樂承業著諫苑九七
醉鄉記次酒德頌　汚泥蓮糞土芝九八
朽栟蒸菌芝　浮雲孤月詩深造九九
欒城文不帶聲色百　歐陽放他出一頭地
坡公看人文稱快　無意於文之文本注
翠欲流爲色鮮翠百一　翁呷翠粲
萃蔡綷縩爲衣聲　羅衣璀粲本注
一朵妖紅翠欲流　後山焚稿學黃詩百二
學文猶學奕　弟高於師僅能及
豫章得法於少陵本注　東坡與歐陽鬬詩百三
梅聖俞詩送晦夫　梧桐留鳳
合浦石康論詩　茅庵琴床圖畫本注
聖俞奇二蘇贈詩　歐陽窮於聖俞詩

鳳例足笑　坡詩黃花用小正百四
温公詩候雁魚陟本注　山谷詩晚年愈深百五
草木文章帝機杼　花竹和氣人安樂
魏鶴山稱山谷詩文本注　蘇蕙子寶連波百六
武后織錦迴文記　春蠅秋蟬喻虛談
山谷演雅　機舂巧勝搵地斷木百八
孔融肉刑論　漢陰丈人惡桔槔本注
看鏡道如咫百九　遠人來驩視道如尺
鮭鯱解豸同獸百十　山谷呈吉老詩
太元本互異　皐陶令羊觸罪本注
楚文王好服鮭冠　獬廌貐䝗
八百老彭嗟杖晚百一一　醇朴乃器師
堂密有美樅百一二　松柏之鼠不知堂樅

日月吹噓爲對一百三　雨露生成爲對
後山挽温公詩語　孔公緒噓枯吹生本注
詠孔韋詩誅姦蕭斧一百四　孔光不言温室樹
戒衣冠望董賢車　韋執誼黨叔文貶崖
不喜聞嶺南州縣　磨蕭斧伐朝菌本注
槐里令上書求見一百五　成帝時言路未塞
請斬安昌　文潛子京詠朱雲詩
麻姑山詩依仿一百六　歐公自稱盧山高詩
聖俞擊節歎歐詩本注　詩句互相因襲一百七
佳月明作哲　身與杖黎爲二
無人與馬成二　兩黃鵠怨旱謠
何以報之雙玉盤　青玉案黃金罍
子午谷丁卯橋　討出柏馬下

木雁不材遇異　沈慶之加三望車本注
翟方進罷鴻隙陂　飯我豆食羹芋魁
立埭用丁卯日　許渾別業橋側
招揚之罘詩喻柏馬　東坡柏石圖銘
處夫材與不材之間　崔德符言作詩之要百一八
張芸叟逾耳順言詩　未窺六甲先五言本注
高適五十始爲詩　東坡山谷言作詩
陳去非學詩雀鷗　詩忌俗忌有意用事
曾文昭河間詩誤布百一九　龔彥和兄弟名重
大壯勸兄夫早退本注　何武厚兩龔兩唐
徐師川與中貴唱和百二十　程致道封還除書
鄭本然居士謎　鶴脛魚須句
師川不汚邦昌僞命本注　高宗辨湛薦徐俯事

思陵好山谷詩及俯　喻汝礪不汚僞命
徐琛爲檜中表得用　朱新仲詠魯公昭君百二一
魯公烈日一人　顏色如花心糞土
單于府名後起本注　呼韓邪子妻母
昭君上書求歸　菊一名傅延年百二二
粱克家詠梅仿沂公百二三　九鼎變百花羞
沂鄭俱魁天下位相　此生安排狀元宰相本注
誠齋學詩四變百二四　學五律后山
半山七絕唐人絕句　江湖荊溪集自序本注
讀正觀政要詩百二五　新豐逆旅無顧者
命酒一斗八升　馬周鳶肩火色
羊鼻公嗜醋芹　爲常何條二十餘事本注
遼東役思魏徵　李勣力戰破高麗

韎鞨白山鴨綠江　水禽信天緣百二六
張武子不爲歲晚計本注　劉應時贈武子詩
霽月耿東南　掬水弄清泚
可人古錦囊　陶河漫畫信天詩
蘇雲卿東湖隱遯百二七　張魏公孤忠如孔明
兩翁之心秋月白　物色灌園蘇公本注
張德遠德長才短　趙南塘挽忠定詩百二八
汝愚謫死于道　考亭注楚詞寄意
胡紘奏趙唱引僞徒本注　朱子焚奏稿告病
蔡元定爲朱子決著　更號遯翁
朱子稱孫燭湖二絕百二九　子陵答侯君房書本注
狂奴故態　富春山七里瀨
陳仲弓弔張讓父　荀淑子孫改節

太邱後爲賊佐命　東來西兕
周平園王荆公佳對（百三十）　戎馬生於郊
佛貍死卯年謠　虛室生白吉祥攸止
汗簡刮青皮炙火　殺青滿架書新繕
臧質答魏太武書（本注）　虜馬飲江水
玉女諫金夫躬（百三一）　韓玉汝暴于乳虎
杜詩可怕李金吾　孫玉汝金機賦（本注）
更中尉爲執金吾　韓縝酷虐少恩
怪書披月看銅牆（百三二）　老壽山黃銅爲牆
鬼星石室火青色　謝遺塵隱南雷（本注）
虎獄劍餌　田園圖史分貧富（百三三）
鼎鼒樓臺辨有無　罷籍退老詩
寇萊公不營私第　圖史富書生（本注）

夏文莊臨龐疾　無地起樓臺
詠漢高叔孫通互見百三四　摶黍黃鳥諸名百三五
麥秋在野　樹桃李得休息
狄梁公桃李在門　摶黍百金拱璧取與本注
禰衡摶黍矐戲黃祖　漠漠春鋤影外天
王泠然裴門桃李　桃李蒺藜所得異
簡主謂子質失樹　不斟何斟言病百三六
壙寮謂無官　春帖用翠管銀罌
邢子才日思誤書　曾吉父呂紫薇倡和本注
荼山居士　曾有積立鐵百三七
壁色立積鐵　大出遊秋罷語所本
呂居仁寄弟詩　田叔暴坐苑外本注
紫芝詩論輔嗣元暉百三八　三謝詩元暉語工本注

嶽麓寺道鄉臺 百三九　東坡謫黃州築雪堂
境與人俱香　田承君勉道鄉語
姓氏多因謫籍香　虞慮勑陳宗禮
鄒浩夜渡湘江 本注　士所當爲未止此
潘庭堅以夢易名　因方牛首名牯
竹生便直梅死猶香　吳吉甫試擣藥兎詩 百四十
鬬搏月見沫星　一戰期收桑榆
聖人之道猶日中　太元月鬬其搏 本注
璽書勞馮異　湯伯紀自儆詩 百四一
春秋責備賢者　造物計校好人
湯文清歎伯厚真儒　湯王鄰居講論
薛士龍讀三國志詩 百四二　蝸角蠻觸國相爭
李公佐南柯記　槐安國征檀蘿國

王荊公讀蜀志詩本注　問舍求田意最高
植杞梓藝蘭蓀百四三　晏子鑿楹納書
宣尼壁經晏子楹書本注　徐道暉四人爲唐詩
徐淵子號竹隱　任元受七夕詩百四四
勿塡河漢留洗甲兵　盡言以養親辭魏公
得神丹遺母不獻公　伊川不作詩百四五
有丹壽斯民　王子眞侯伊川嵩山
冲熙處士功行碑　邢和叔以丹遺伊川本注
王筌受籙進洞宮　郭恕先不就敘理百四六
末劫歸佛　忠恕善篆隸能畫本注
文鑑取送將歸賦百四七　楚詞後語取息夫躬
揚雄亦蔡文姬之儔本注　蔡確羅織士大夫
浮溪詩何事非戲劇百四八　晉惠問蛙鳴官私

官蝦蟇可給廩　張芸叟論逸詩百四九
石鼓是車攻詩　顧況詩見韋集爲勝百五十
好鳥依嘉樹　林堂含餘清
白雲帝鄉遠　華陽真逸本注
程可久自題眄怡齋百五一　達己病人
六月松風萬籟寒　詩人達者惟高適百五二
宋詩人一相三執政　蘇黃韓呂四從官
唐能詩顯達諸人本注　高適五十始爲詩
能與貧人共年穀　必有明月生蚌胎百五三
朱孔目散粥子入官本注　曹堯咨平糶應子
宜黃人戒勿犯曹　東屯稻米蜀第一百五四
青苗陂通澗水　帥漕月得九斗
淵明心遠之義百五五　上蔡語合心遠

真西山心遠室跋　所見不逾尋丈
所志不過錐刀　宋正甫和人詩百五六
三聖傳心惟主一　六經載道不言真
經言誠卽爲真本注　攻媿桃符因陛百五七
神荼鬱壘主衆鬼　立桃板于戶名仙木
嚴寒例謝常來客　老病猶貪未見書
葛魯卿借書詩百五八　揚雄答劉歆借方言
班嗣答君山借莊子　朱希真小盡行百五九
郡縣不須官歷　落葉爲秋花作春
以無歷見咏諸詩本注　朱敦儒以秦相致仕
鷓鴣天詞見傳誦　金石在波中百六十
萬物皆流金石獨止　詩文取喻金石諸語本注
公行子章章指　洪邁雪詩百六一

滕六巽二一阻獵　崔希真得葛三畫
王逢原譏退之詩百六二　感二鳥符讀書城南
陳了翁書堯夫誡子文　愛子情至導子志陋
玉帶金魚激子本注　諸論退之示兒詩
諭王庭湊出元翼　孔子不編石鼓文百六三
陋孔子俗義之致譏本注　荊公弔杜醇王致百六四
笱筒釣魴鯉　稚子松間拾墮樵
四明慶歷五先生本注　荊公令寧禮儒
唐子西丙前行百六五　天子稱宅家諸語
天家官家大家之義本注　義熙初蘆荻謠
文宋瑞或人詩百六六　金馬勝遊銅駝遺恨
人笑諸淵今齒冷　龍首黃扉一夢
應麟孜第賀得士本注　古誼龜鑑忠肝鐵石

上因天祥名稱宋瑞　留中齋大魁享富貴
羅壺秋幾以詩羅織　先西音轉相韻
何夢桂詩讖夢炎　夢覺功名忝一炊
翁與可上徐忠簡詩百六七　范六丈謀謨聖人
王晉公知子二郎官　姚仲約迎勞劫盜本注
范公不欲導主誅戮　王祐百口保符彥卿
鄭得言私試策問百六八　李良翁詩餞博士
太學諸生笑愈　少陵戲簡鄭虔詩
廣文歸馬遭官長罵　李丑父忤丁大全
班超不能讀父兄書百六九　投筆思立功異域
班氏父子業史書　蘭臺舊家學
王擒畫燭課子文本注　王温州不附史嵩之
賜汲古傳忠及竹林字　詩有四忌百七十

平易奇險怪誕之過　如抄錄帳目無精采

說功名如諂諛卦影本注

困學紀聞翁注編目卷十九

評文

鄧潤甫草東宮制 一
建儲非以私親
主器莫若長子
鄧温伯附安石 本注
晏元獻謝記室表 二
衣缺衽宮缺隅
邢峙命去邪蒿
五雀六燕 三
陸農師謝尚書表
六燕相亭喻銓試
海金誤侮食 四
侮食來王左賢入侍
別風淮雨
龍蹲歸宋樹伐 五
蹲龍牽牛狀孔子
唐人習用龍蹲語 本注
刻桐魚扣石鼓
畢衆敬父子相代 六
乘板輿觀斷決而喜
張湍繼父翁守巴郡
郎君類我府君
魯恭令中年三異

傅季珪斷野父爭雞　王楊盧駱四傑本注
愧在盧前恥居王後　文如懸河酌不竭
佇光于五字　鍾會爲松表定五字七
蘇許公求改職表本注　五字擢英才
燕許俱以文名　張文定制敕簡盡八
薦舉勑及察舉守令　文盎然如在春風中
范文正參政制　大恩之下難爲報九
大名之下難爲處　制表切年月隸事十
鄭湜厚齋草不名制十一　天下之達尊三
人臣之不名五　嗣秀嗣榮王不名
趙汝愚罷相制本注　周南仲草貶秦檜制十二
兵于五材誰能去之　臣無二心天之制也
一日縱敵百年爲墟　金縱秦檜歸國就和本注

南自南北自北　南遷錄牴牾難信
葉適謝草詔　洪野處直學士謝表十三
擢列侍從　王褒中和樂職詩
此盛德事吾何足當　衛玠玉振江表十四
襲用正始遺音之誤　海涵地負
關雎正始之道本注　天鋒鏘正始之音
擯奪朱之亂色　喜懼之年短長之日十五
朝倚門暮倚閭　父曰子母曰季
胡文定辭召試本注　識表魏舟之象十六
曹倉舒載象稱斤　驂駕駟馬從梁來
沛獻王以京易占雨　蟻封穴居大雨至本注
上官儀視草工詩　詞掩蘭臺之駕
周茂振入館謝啓十七　改桃萊爲桃棗

與謝息桃邑萊山　古柳卯同字
青州世子東海女郎　馮衍遺田邑書本注
郕守不以晉喪邑　挈瓶之智守不假器
曹娥碑蔡邕題文　當墮不墮逢王叵
淮陰行情調殊麗　頭昂尾憓憓
清淮春浪軟　無奈脫萊時或挑菜誤
鼎學士之大稱十八　天平軍壁記
牙璋玉節賜令狐　紂高天下以聲
林木翳然濠濮閒想十九　清風颯至羲皇上人
得知千載上賴古書　作吏一行便廢此事
會心處不必在遠本注　鳥獸禽魚自來親人
嵇康絕交書　餌朮黃精令人久壽
春秋十賦工對二十　熊虎狀豺狼聲

魯馬爲櫝衞鶴乘軒
雞犧斷尾象齒焚身
虞不臘矣吳其沼乎
好魯以弓請謹守寶
賜鄭以金盟無鑄兵
泉臺蛇亳社烏
歐陽試左氏失誣論本注
晏元獻牡丹歌詩表二一
神雀頌五人稱美
重陽和詩第三等
三宰相詩無優劣本注
寧皇服藥赦文二三
陳正甫以詞學中等本注
盧思道賀甘露文
神漿天酒二三
凝照三階之下
水澤腹堅土膏脈起
大廈耽耽九戶開闢本注
明堂九室九戶
華山仙掌承露鼎
立三階受要
俗語皆有所本二四
爾有利市寶賄
良賈不爲折閱不市
爲家數甚多
誰謂伏事淺

分付諸客歲盡交代　具爲區處
爲我多謝問趙君　即賜布帛帷帳什物
一切事自由不恤錄　輒隨方曉示
事付主者各有主者　幹吏卑末習讀程式
布施優裕　百行行頭皆官師
臣敢煩當日　地主歸饟
不得舉杯相於悒悒　比當相料理
差長進勤於長進　當復更治徒棄功夫
蹲夷之義婁羅之辯　見端不如見本分
老措大毋妄沮吾事　崔慎由拗木枕措大
要假長安本色　古老之人無聞知
不能宣備　家公執席妻執巾櫛
致意尊公尋遂初賦　家羸弱不能收拾

使歸更尋思　不識世情
阿誰爲失　揭來揭至爾來
將軍罷休就舍　計今見在者
牽帥老夫以至此　先輩居士道人
主人翁習知之　使樂城小家子得幸
其不中用趣自退避　鄉是我輩人
羣賊兩兩相視　檢覈戶口年紀
百家雜碎從火　加手下已有大衆
知軍中細碎事　若干純若干國
膠加牢愁　墨床謂无賴
鯀之治水無狀　譬畫人事之終始
叙致既快事加有理　留連至今
數呼相工問息耗　百年己分可長保

本師祖師始師　生熟不盡於前
與先后有瓜葛者　輒訓導譬解發遣
鈍悶以終　誇張愺恅
近局本貫十字街　少府見錢多
梁簡文爲子辭封表二五　黃童對日食況月
熙祖聰慧封廣陵　明帝數歲岐嶷
童烏荷戟入榛　楚王似晉封文
王元之劉元城表二六　芝蘭之性終香
葵藿以誠向太陽　水萬折必東似意
盈不求槩似度本注　趙元鎮移吉陽軍表
了翁表如嚴霜烈日　劉跂與父辨冤啓
王禹偁筮小畜名集　驢非驢馬非馬二七
烏不烏鵲不鵲　龔遂謂民帶牛佩犢

史疾語楚王鵲烏本注　狐非狐貉非貉
黍不黍稷不稷　組似組綸似綸
受寶璽賀表二八　西王母獻白環玉玦
僬僥珍羽　諸山得銀甕
答韓魏公周益公詔二九　處分十道策本注
雷孝友乞祠不允詔　華陽集詩稱至寶丹
鄭安晚再相制三十　温公乞佐文彥博
節使除拜爲納節　王曾再登揆席
太師平章軍國重事本注　執政就咨謀
常程文書委其下　尊優正相諸儀
首相次相領院　黃伯庸賀雪表三一
袁安卧雪不干人　李愬雪夜破蔡州
上天同雲平地尺雪本注　李公甫表用嚙氈等

黃疇若可爭衡文士　耿秉復陳少陽後三三
如可贖兮百身　猶將宥之十世
克正罔敢弗正　進良以率不良
人之有猷有守　予其懋賞懋官
億載萬年爲父爲母三三　四海九州悉主悉臣
李顯忠復節鉞制三四　秦伯用孟明霸西戎
馮唐持節赦魏尚　英國衛國公善兵
舉人周與人壹本注　文帝法太明
張韓除節度使制　蹇蹇匪躬多多益善
前茅之偵獨柳之誅　汪玉山制誥第一
壽皇尊號詔三五　率百官若帝之初
於萬年受天之祜　周益公辭免表
真文忠草貸盜賊詔三六　赤子盜弄潢池兵

天下豈有白頭賊本注　王卿月爲澹庵制三七
仲連蹈東海不帝秦　藺相如名重泰山
胡銓不下拜穹廬本注　疏斬秦檜王倫孫近
竿其頭藁街　不處小朝廷求活
引壁睨柱叱左右　盧肇海潮賦三八
濡馬褐救焚　王章疾臥牛衣
編亂蘇爲龍具本注　崔大雅草史直翁制三九
帳具几杖待杜任　手詔韓富文曾詢禮
待遇契丹使臣本注　呂成公代父謝官啓四十
杜牧一揮江海　黃州齊安郡本楚地
池州秋浦縣本鄣郡　昭明因魯美封貴州本注
蔣良貴託代謝啓四一　漆室女憂園葵
效老人之結草　真文忠辭疾除拜詔四二

漢宣舊恩封丙吉　未獲報疾必愈
賢卿甚於德吉　何夔以疾辭亭侯本注
有陰德者必有陽報　鄭威愍除謝章
不掛權恩不沾相潤　潛公馮翊死義
傅至樂啓指張說四四　東門之柳自凋
元都之桃何在　楊國忠訴鄴侯柳詩
遊元都觀兩題詩　財色譬刀刃頭密
井眉瓶動常危　張說除拜不草詔者本注
張克明上朱子啓四五　行藏倚樓勛業看鏡
朱子跋免解啓自感本注　寄尋鑿經邸之趣
三甲一丁四六　背無三甲腹無三壬本注
管輅言不壽徵　挽兩石弓不如一字
宋正甫詩新奇工緻　大敵勇小敵怯四七

今日是前日非　步騎千餘破尋邑本注
矍圃去者半存者半　孔門益者三損者三
毛憲守長沙謝啓四八　昌黎荊潭倡和詩序
湖之南壤地二千里　平原偕楚十九人
毛遂備員而行　毛憲子降第五甲末本注
經元而白馬驪而黃四九　朝取溫造暮拔石洪
近舍皇甫遠求居易　子雲草元解嘲
附丁傅董賢得起家本注　秦使九方皐相馬
羅致北涯南涯生　福先佛寺刻珉詞
皇甫湜怒謂裴晉公　近舍某而遠徵白
洪舜俞上鞏嶸啓五十　東坡詠門外鵲袍士
半山賞梁間燕語詩　劉季孫題詩廳事本注
風舞雩月離畢五一　山谷詩江梅桃李喻

冰雪空自香 少游下蔡贈妓詩
玉佩丁東別後 天知道和天也瘦 本注
招教子辭郡守啓 五二 張宣公答教官啓 五三
真文忠買鳩訴判 五四 倪若水諫捕鵁鶄
孔戣疏歲貢蚶蛤 攻媿為姜氏慶七十 五五
識承平王孫故態 騎竹馬日至會昌春
姜[illegible]以聲妓老病風 稽古閣上梁文 五六
王相親老辭辟書 五七 温嶠奉檄絕裾
徐庶失母方寸亂 南軒論太真得失 本注
呂倚謝饋錢酒 五八 王禹玉餉萬錢壺酒
莽貨泉為白水真人 青州從事平原督郵
坡詩青州六從事 本注 烏有一先生
詩會餘蚯之文 五九 簡凝含酖之墨

筆銳干將墨含醇酖　貝甲大小文彩異
餘泉白質黃彩本注　餘蚳黃質白彩
獨孤綬放馴象賦六十　子雲晚悔甘泉作
林邑日南產象　楚人燧象奔吳
宋言斅雞鳴渡關賦六一　秦關百二齊客三千
雞口牛後本注　考官淺陋黜人六二
帷帳洪鐘船趥　人主勢重萬鈞
航琛越水輦賮踰嶂本注　梅雨時有大風
清議扶晉六三　壯士守秦不足
亶聰明作無作聰明　由仁義行非行仁義
工執藝事以諫賦六四　非刀匕供膳宰舉觶
釋椎鑿上輪人議書　鄭千之推汪周誥命
厚齋詞命傑出　寄悲憫于代言之文

困學紀聞翁注編目卷二十

雜識

漢畫存隸續中一　李翕五瑞碑西狹頌
王稚子二闕　高貫方墓碑
顧陸宗畫有漢法　吳道元巧思減古意
劉寬碑載圖畫本注　黃龍白鹿承露人
嘉禾連理木　左右車騎挽橐陀
文翁高朕石室　三皇五帝三王像
仲尼七十弟子像　析里橋李會郙閣頌
丁房雙闕人物　金延廣母子碑
李剛石室四壁雕刻　顧愷之帝相列像
陸探微丹青入妙　宗少文圖壁臥遊
曹夫人與楊夫人書二　房子官綿百斤

房子城白土可濯綿　文絹香車衣籠本注
趙州臨城縣泜水　古文苑出佛龕中
孫盛晉陽秋　善惡皆以熟言三
佛言受苦受樂　鳩摩羅什譯大乘經本注
曇摩羅讖曇無讖　法華成實論大藏經
摹藏大相國寺御書四　寶奎殿頌贊撰記
章郇公受詔書額本注　晏殊撰御飛白書記
翔鸞結字液金填畫　挪小殿禁中過後麗
雙宣學士草麻五　鄧潤甫鎖麻二十二
莫壽朋權麻六道　劉原父立馬草九制本注
四制分草爲雙鎖　南豐一日草數十制
莫儔留金仕僞楚　草追贈制非典故
降制封史彌遠　太一宮四立月祝文七

楚芝蘭奏祭祀諸儀本注　甘露降祠庭
繆忌奏祠太乙　太乙佐五帝
爲壇開八通鬼道　親王布政榜首尾八
所領節鎮爲管內　封王與除節鉞異
唐朝隃領之制　隃領本作遙領
宏詞以襄尺巫咸黜九　徐子儀試三家星圖
保氏注五射　九巫皆筮字誤
王播致束脩不受本注　求尺牘借詞學書
朝美務觀取字所本十　務外遊不如務內觀
蘭生而芳石生而堅　蘭石持正魯直字義
夢秦少游生放翁本注　史克卻莒僕
曼淵晉曼清後十一　西王母形狀十二
天晲而見景星十三　晲晴卽說文姓字本注

民依霧主吸霜十四　天可倚杵
筮謀類卽是謀類　用乞麋壽萬年十五
㼝犽鷖彌鷖俔十六　鰒爲魚字奇稱十七
蘭氏蘳氏草稱氏本注　洞簫稱諡
良魚在淵　帛魚𩸞𩸞異文
有鱄有鰟卽白魚　手五指之名十九
將指手足不同本注　闔閭傷將指失屨
啑鹽指季指　足駢拇指枝指
接蔘也四貜且也六　秦處度蠶書二十
秦少游子名湛　兗州言旣蠶事爲最
九州有宜蠶不宜蠶本注　水母目蝦去住由人二一
山雖之肥其意得　簞瓢捧茹本注
參佐廨三間瓦屋二二　住東頭住西頭

士龍士衡形體本注　陳簡齋寄弟詩
末祿國有軍達等蔬二三　泥婆羅國獻波稜
和緩皆秦良醫二四　秦醫昫治背腫
巫彭作醫　古醫僦貸季苗父
岐伯俞拊扁鵲巫咸本注　作器物諸事二十官
黃玘老延致二李二六　呂西垣得林少穎
方德順陸亦顏本注　胡原仲劉致中
和伯迂仲　倪齋齋戒三不妄二七
爭校不如持養二八　朱子與諸人論辨本注
林黃中論易西銘　二陸論無極太極
陳同甫論義利王霸　李猷黃子游義烈士二九
陳東歐陽徹忠直　德明似張澂作玉雪本注
講堂繪五人像　柴仲山丙丁龜鑑三十

丙午丁未輒有變 天地間集四隱集本注
隱於樺林九磔間 浮休子參寥子同號三一
張鷟青錢學士本注 僧道潛爲坡游詩友
其生也浮其死也休 陸質黨叔文誤贊三二
無垢心傳錄編由甥 張子韶謫居南安本注
王庭秀磨衲集語謬三三 鄭俠進饑民圖致雨本注
漢唐發陵賊三四 陽連真伽發趙氏陵本注
唐玨諸人收陵骸 植冬青樹於所函土
坐以待日三五 古人早起戒晏諸語
管寧科頭晏起自責 事親宜知醫三六
古以親疾精醫諸人 殷仲堪湯藥眇目本注
康節父問道奔宋三七 舍世祿爲窶士
康節家世本注 邵溥使燕拜寺墓

蘇頌書帙名 三八　蒲宗孟日不失書
東坡規傳正奢酷 本注　素王妙論稱富者 三九
恩覆子孫澤及鄉里　黃帝五法管子九府
范蠡十術三致富　計然南遊越 本注
賜先聖冕服 四十　戴記左氏禮變著始 四一
春秋諸史書始　物祖事始事物紀原
誄士之始　周以士爲爵猶無謚
臺駘本壺駘亦通狐　桓公作僞主始二主
庭燎差數　大夫享君致殺
魯取吳始不命天子　妃主葬給鼓吹
黃帝鼓吹曲諸名　周易集林占風雨 四二
江總著書遺日 四三　劉元城正色答遺日
懲羹吹齏傷桃戒李 四四　馮道問唐明宗疾

北夢瑣言記十國事本注　動靜一理喻鐘聲四五
朱子聞鐘聲心出入　成康時戶口籍數四六
鹽石新論四七　王符潛夫論
洗金攻玉濯錦浣布　丁度土牛經序四八
土牛色取幹支納音　策牛人服色本注
黃石星精色質四九　黃石公記
圯上老人爲隱君子　蜀石經避諱字五十
范魯公不忘唐　竊鈇投杼之疑五一
掇蜂拾煤　鼂迥不喜術數說五二
天命知命委命之別　慈湖責希元訊日者
裴晉公魚蒜生老語本注　文潛詩誤盧杞爲元五三
顏平原使希烈死節本注　元載籍家椒八百石
文潛昌谷訪長吉居五四　長吉弱馬錦囊

延年術熊經鳥伸五五　華佗六禽戲
魏文五搥之鍛　鳧浴蝯躩虎顧
菘葑蔓菁相似五六　蕪菁至南變菘芥
瑤簪玉筍不可見　司空圖論救時自處五七
陳太邱仁愛容衆　郭有道勤誨誘人
表聖佯墮笏歸隱本注　化書言奢儉貧富五八
季元衡儉說八言　晏子儉嗇吝愛之別
齊邱子竊譚峭書本注　覯驪難得御民術五九
温公獨樂園讀書堂六十　草木以妨步薙冠去
周子不除窗前草　王渙之達言六一
舟車仕宦以危自處　商鞅董卓輕民六二
不可與慮始樂成　百姓麇沸蟻聚本注
上梁文始閶闔門六三　兒郎偉兒郎漴本注

舉大木呼與謣　仁義足包寬嚴 六四
傅元席端左右銘 六五　冠銘戒居高在上
被銘言溫寒厚薄　鶉觚子傅子 本注
梁元帝孝德傳 六六　涓塵之孝河海之慈
孟郊詩寸草春暉語　坡詩微生慈顏沈贊 本注
草木無謝天力處　春風不見梅李實
杉梅猶人與不待文 六七　不扶而直傲冰雪
漢晉隋唐戸口 六八　劉夢得何卜賦 六九
㳂吉泝凶穜利稑厄　坡詩耕雨刈晴順風
隋煬自比長城公 七十　陳后主沈后從駕
通鑑釋文之誤　外間大有人圖儂 本注
曾旼書解誤曾肢 七一　機雲李德林非利國 七二
張華稱利獲二俊　周高祖平齊之諭

河橋鹿苑之敗本注
尹氏五葉不別七三
饑荒羅鼎作粥
尹吉甫清風堂
錄異傳佚作者
太宗陸機義之傳論
梁鵠書懸著帳中七四
衛恆四體書序
醉師宜官籍札
王次仲善隸楷
魏武釘壁玩孟黃書本注
朋鵬皆鳳字
逍遙遊言鵬鯤
崔譔莊子注
王簡棲頭陀寺碑七六
巾屮字宜闕疑
夷吾記封禪十二七七
獻子五友忘三
城隍神見祀典之始七八
赤蛇繞牛口本注
採藤曲效王建體七九
魯人酒薄邯鄲圍
西河渡橋南越悲
調紅藤指黃犢本注
袁良碑郎轅生
漢楚相距滎陽

楊升庵僞厚齋語本注　袁氏先世濤塗
共車千秋分一字　武帝起集靈宮八一
歐陽跋集古錄疏漏本注　石尤風亦作石郵八二
石氏女亡以尤行旅　士儒志行之異八三
劉元城不稱王鞏字　門人則名朋友字本注
名可竊鄉不可欺　李翺戒王載名韋陽八四
後生不稱前輩表德　著鞾騎驢字劉延世
韓霜露李日月逆儔八五　柳芳世族論八六
巫乙陶匠卜譌乙　乙氏商湯後
明州唐末五亂八七　吳令老裘劉三亂本注
明州由鄮縣分置　裴璩敗王郢年月八八
舜蹠堯桀之分八九　劉柳呂温坐叔文黨九十
議罷中人兵權　韋臯以私銜構獄

王叔文進由東宮本注　叔文革除夙弊
子厚欲借叔文伸志　年少氣鋭昧幾微
諸人意未可厚非　温公受欺蔡元良
未讀永貞行　鄭注李訓有心人
老子師商容常樅九一　見舌守柔
常樅日月星氣書本注　席壽氈壽禱壽九二
犀甲壽百年　八米盧郎或爲采九三
盧思道挽文宣八首　八米關中語言精鑿
四三王六五帝九四　三王不足四本注
五霸不足六　四三墳六五典
三二曜六五緯　燕丹子小説家
君苗欲焚筆硯九五　崔君苗登樓賦
士衡才多綴辭煩九六　士衡雅好清省

石季甫爲鄮令 九七　車永以鍚致書陸雲

母姊憂短狐沙蜮　士龍書陳明州風土

北青齊東交廣　陂田罽羅

光赫之觀盤戲至樂　采蜂捕魚鱣鮪比目

炙鱉鯸臛鮆鮤　鰒魚石首鯼魚

蚌蛤蛣蚢石蜐　始皇在鄮三十餘日

楊孚異物志　萬震南州異物志

荀卿譏子夏拘謹 九八　六朝文放蕩閒於荀 本注

秦楚始師皆蘄地 九九　王翦大破荊軍

陳勝起大澤中　東坡用檀弓文法 百

迅雷風烈錯綜語 百一　春與猿吟秋與鶴飛

吉日良辰　蕙殽蒸奠桂酒

隕石五六鷁退飛　徐仲車謂鄭槃知量 百二

朱三鄭五　歇後鄭五作宰相本注
伊尹自知能相　蘊武自知不能相
寶祐間詩禍　東風謬掌花權柄
寶章閣前後同百三　五臺山真容院
沮溺耦耕黄城山百四　子路問津處
接輿耕方城　葉公討白公入方城本注
讀書有善有不善　石勒使人讀漢書
立六國此法當失　蘇威讀孝經一卷
蕭繹聚書萬卷燒之　崔儦以五千卷署戸
房法乘好書不治事　盧殷止以書爲詩資
廟堂二字所見百六　雜卦外文家用也字百七
鍾子翼哀辭本荀子百八　四言間七言爲句
靈光殿四七句增兮本注　坡甥柳展如評論

漣渙風水成文百九　老泉文甫字說
波濤淪瀾涇潮漪本注　辨才詩如風吹水成文
寥如巧婦織錦　昌黎文驅經獨立百十
周恭叔跋秦璽文百一一　秦璽後稱傳國璽
李斯魚蟲篆　晉後魏石晉璽文
元后投璽折螭角本注　李斯請去詩書百家
矯詔殺扶蘇蒙恬　不恣睢督責為桎梏
甄宮井五色氣　宋以得璽改元符
太祖不受契丹秦璽　浮沚集
嗣位製寶百一二　受寶禮再行
賈涉得寶蒙古進繳　詔求美玉製八寶本注
益八寶為九寶　璽匭更名寶檢百一三
周時印已稱璽本注　魚保宗請置匭受書

銅匭四各塗方色　經略總制武臣百一四
文武臣賣降　明季重武臣亦降賊本注
歷朝鹵簿儀圖書百一五　政和改修飾丹采
趙安仁戴斗懷柔錄百一六　王晦叔戴斗奉使錄
和好後結伴覲見儀本注　擊壤形製廁中法百一七
流品賢不肖之辨百一八　陸子靜講學象山本注
相如諭巴蜀檄百一九　父兄子弟教率
廉恥關俗長厚　唐蒙通夜郎擾蜀本注
終日不言義無用心百二十　民勞則思善心生
澤陂詩刺寤寐無爲　張釋之爲王生結襪百二一
裴度鞠場當李翺謁　劉之道東歸集
歐公始黜煇後取狀　堯舜聖仁賦爲人誦
讀經史博約法百二二　朝經暮史晝子夜集

雅言不聞性道百二三　程子不言無極太極
後魏北齊俗字百二四　巧言爲辯文子爲學
柳⿱巧言傳又⿱巧言之訛本注　佛書多以⿱巧言爲辯
追來爲歸　小兔⿰重兔神蟲蠶
赤章蔓枝斷轂去國百二五　大鐘方車遺夙繇
仇由厹由厹𠮛猶異文本注　宋次道春明退朝錄百二六
晁子止昭德讀書志　春明坊昭德坊
養素園密嚴室　宋晁二家多藏書本注
東京記載坊巷官廨　昭德新論
校書如掃塵　春明宅子以書僦高
桀惑末嬉好琬琰百二七　伐珉山得二女
斲名苕華之玉　道士道人所來百二八
樓觀置幽逸人　太霄經尹軌真人

神明臺九室　無極永壽年號百二九
赤明上皇劫數　延康龍漢開皇本注
度人經元洞玉律　九氣三氣分天境
元始天尊開劫度人　道家出黃老
清淨無爲虛無應物　太上天真黃庭大洞
丹藥符籙流變　林靈素神霄錄百三十
公卿造廬拜受　李綱傅會不行
女真已北道號本注　傅奕排釋氏百三一
孅兒幻夫模象莊老　佛家竊老子好處
道家竊佛家不好處　杜光庭依仿佛氏
葉法善元奘等削書本注　李蔚諫飯僧贊唄
六根四大本列子　真誥地獄道竊佛
魏禁事胡神銅泥像　北斗經依託引北辰百三二

旁行敷落之教 百三三
散真文布置諸天
四姓出家同佛姓
從所受學爲姓
道安言從釋迦爲姓
桑門比丘優婆等義
摩尼茹葷屏湩酪 百三五
漢明帝夢金人白光
姚興立波若臺崇佛 本注
榆欓盛經白馬負圖
西方之人謂周 百三七
桀戎厭世窮幻駕空
懷與安實疚大事

安息國畫華書旁行 本注
塞種分散即釋種 百三四
晉宋閒僧道稱道人
支遁帛道猷有本姓
帛尸梨蜜多羅 本注
道人左道士右
老莊學盛召胡及釋 百三六
盟詛仙怪巫蠱符讖
寇謙之好仙道
騶衍羨門子高
西方之書周志類
佛生年前後說異
周魯二莊夜景 百三八

四月八日之謬　佛出脅行七步
迦龍衞城二龍浴佛　修多羅識百三九
扁鵲言秦讖之出　梁觀國議蘇文百四十
真文忠論地獄　傅奕蕭瑀論佛本注
天堂賢人登　李壽翁言易盡鬼神百四一
唐符祆正視流內百四二　隋唐九品官階本注
勳品流外　唐京城胡祆祠
始至朝拜非古道百四三　國忌緇黃薦靈
真人心若珠在淵百四四　衆人心若瓢在水
明鐘止水槁木死灰　東魏檄梁武切中百四五
侯景遣軍人直殿　錢一億萬贖捨身
索蜜呼荷荷　同泰寺無遮大會本注
代宗真宗諱世元百四六　祠宮諱元爲真

真武真枵太真經　女冠爲女真兆亂華
夢趙元朗授天書本注　剽襲西極化人爲佛百四七
東野詩垂老抱佛脚百四八　投老欲依僧諂謔本注
東坡宸奎閣碑銘百四九　自然神耀非有師
仁宗書賜廬山僧本注　懷璉阿育王山建閣
惟佛與佛乃識真　長蘆宗賾頌百五十
魏周唐三武毀釋　沙門法不佳取足
斷薪續禪床晏坐　馬祖藥山問答
三條篾束肚皮　玉食金碧之奢
窮土木妖龍蛇區建造　墨名儒行
脫皮膚盡有真實　儒事實佛法空百五一
沙門德士互興滅百五二　王導禪指蘭闍百五三
蘭若音兩讀本注　父子廢復佛法相反百五四

遺教經普門品跋 百五五　持戒爲定慧本
李習之藥山問答　黑風吹船落鬼國
引諸沈冥出苦海　械自脫獸自奔
補陀大士真實爲　制心如牧牛馭馬 本注
攝心三無漏學　變火坑作蓮花池
盧景裕誦經脫枷鎖　于頔紫玉問答
維摩詰病衆生病 百五六　錢文季維摩庵記
妙善國毗耶城 本注　白衣居士
丹霞禦寒燒木佛 百五七　學校土木之非
招提蘭若皆私造 百五八　寺由官賜額
山臺野色　薛華奏中條山泉涌

困學紀聞翁注編目卷二十

困學紀聞翁注編目卷二十一

經義出注

唐疏言多難毁憂易一　匡衡說詩陳關雎四二
昏椓靡共　兔羅雉離四五
一字爲一言四七　酌彼康爵四八
居圉卒荒　孔安國以今文讀古四九
梅賾上孔傳　周易正義五十
經典釋文　葵邱德衰六七
蕭魚忘晉　荀寅求貨七九
楚子常求裘馬　孟子七篇
黃霸獄中受書八一　邠卿避難注孟子
胡邦衡貶謫注易　崔瑗繫獄問禮
王氏新經義八三　七月篇言日月

螻蟈鳴　湯嫁妹辭九三
周禮疏九六　泄冶諫靈公九九
說文解字百　禴夏享先王百三
夏礿　大戴禮曾子篇百一四
湓字上橫水百一九　大戴禮言五大罪百三二
誣神者殃及三世　麤羊羱羊百七二
徐鍇說文繫傳一又史二八　天官言挾日百七四
鄭與鄭衆注周禮　說文嵒字兩見書七
訛譌僞三字通十二　說文兆兆二字十三
左傳五教遺三十六　長發詩下土方十九
元愷二三　伯宗稱善人
司服袞冕二六　郊特牲服章魯禮九又周禮六
日月爲常　考工記火以圜二七

司服希冕　二鄭周禮注
七經小傳　奡盪舟
羿有二　畏威二字通用三一
四聲轉用三五　音同文異
昊天上天蒼天四四　豫州滎雒波溠四五
周禮疏　波播豬都字通
男南任三字通用四六　會黃池四七
五權之法五五　國語爲外傳
普天之下爲舜詩六四　子惠思我子產詩
碩鼠詩爲飯牛歌　温恪爲先聖傳恭六五
覲禮壇宮分明六八　朱子讀方明爲乃明
孔安國論語注七三　何晏爲集解
黎侯式微衞以士八十　聰明文思爲五事八九

或有二字通用九一　詩禮傳言宗言族百八
大門宗子　魯孝公導訓諸侯
晉選公族大夫　詩存商頌邶鄘衛百九
月采爲小采夕月百十　月令月采相譌
師氏保氏百一二　文王世子大司成
女皇堯妃散宜氏百一三　無毋字通百一五
堯至孟子八聖四賢百一八　凡將邢茅胙祭百二三
傳稱周公諸人　衛靈善宛春言百二六
欒氏之勇亦子勇　史伯嬰伋論和同百二七
盟向陽樊不從鄭晉百三一　石碏以義厲國百三四
狐趙以遜化國　衛多君子
晉卿以爵相讓　冀缺夫婦
齊太史守官百三五　魯宗人守禮

夫椒爲吳復父讐百三九　揚之水罪平王
式微詩貶黎侯　胡安國春秋傳
伯禽卒哭征徐百四十　云員二字相通百四二
傳言元亨利貞黃裳百四四　國語言詩
史佚爲尹逸　文章根本在六經百四七
是氏相通百五一　軫星主風百五二
帝乙歸妹百五六　毛漸使西京得三易百八二
條狼氏車轘刑百九三　詩歌政事道德並傳二百
破斧士以周公爲心　舒荼字通二百五
二伯九牧五官之長二百七　箕畢爲風雨師詩五
史記多古文說八　黎民始飢
惟刑之靜　儀禮經傳通解十二
曹粹中詩說十三　孟子兩高子二十

僖王命曲沃伯 三三
曲沃武公
三月蠶畢言歲單 三六
月令季夏火星中 三八
火星與心星別
投壺魯鼓薛鼓節 四五
文王以昆夷修德 四八
紀侯譖齊哀事
衞頃公賂夷王
襄王叔帶事 四九
鄭三良衞多君子 五六
隨季梁忠國
陳止齋周禮說 五九
辰弗集房推步 六十
正陽爲四月十月
日食忌正陽月
分至日食不爲災
孫覺春秋經解
易禮東西鄰鄭注 六九
賢人草木相關 七一
趙氏世孟智氏世伯 八三
仍氏世字叔
翼九宗五正
遂氏四族
禘祫郊祭感生諸說 百九
宗廟有祫無禘

春秋集傳纂例　孔子自衞反魯百十
范甯穀梁集解　學記教弟子法百一一
碩鼠謠顧見百一二　經傳華車相韻正轉百一六
呂忱字林百一七又周禮二五　諸言敬戒敬恭百二三
六經卽聖人之心百三八　尚絅章猶樂之亂
陸象山言論語難讀　張九成孝經解
羣經音辨　子產不毀鄉校百四四
陸氏釋文自序百四五　吳才老韻補
張氏五經文字　畝甽耜耰之制百四七
家人吉在反身百五一　魯惠公請郊廟禮百五五
史角止魯郊　魯郊禘非禮
齊百庭燎晉請燧　王制作者周禮六
張禹以論語文訣　詩禮發冢

志春秋行孝經十二　詩視定星景岡十九
夕與邪聲轉　后妃兼有保傅二三
景祐集韻二五　楚重至郯三一
蔿掩別楚地九等三三　子駟爲田洫三五
子產作封洫伍田疇　晉欲齊盡東其畝
易卦師寓兵於農　井田壞致戎
古用牛惟服車證　詩詠御射之善四十
武子使公冶問璽書四一　月令固封璽
陳祥道禮書四九　傳記龜卜卦繇諸辭五十
左傳諸繇辭　爾雅十龜爲易十朋五一
經傳諸言夢五三　尊三老共綏執授五四
少牢上佐食綏祭　授祭墮祭
昏禮掃扱地拜五五　拜手空首

介者不拜　三肅使者
賓將掫六二　御下掚馬
闔芊蠻矣　書有酒誥易戒濡首七二
大戴禮七三　古禮經傳通解
汶江字同嶓岷七四　大江出汶山
虞閼父爲周陶正七五　春秋莞冥之學八四
天皇大帝八五　五天帝五人帝
啓蟄祈穀之祭　祖有功宗有德
子罕削賞以投八六　董叔孟子並言天時九十
祭法用騂犢句讀九一　五祀祭物尸主儀禮一
崔氏三禮義宗　出其度量濤制三
迎春祀高禖　春秋二儺
毋休於都　穿竇窖

氷始涸　馬牛放佚
樂師大吹而罷　周禮猶醵
射人贊射牲　功布道布
千車自後射　哭踊袒免無服禮
均服振振 五　郊祀服袀玄
孔孟無伯仲在字下　迅雷風烈錯舉 九
聶氏三禮圖 十二　殿屋四注
大夫士屋制　夏侯勝善說禮服 十四
曾子曾申親在問服　舅姨之服同爨緦
孫文子公登亦登 十九　張氏三禮圖 二十
單子爲王官伯 二三　古堂室虛實各半 二六
大經中經小經 禮記標題注　孫炎葉遵禮記注 一
孝子巧變安父母 二　來朝走馬非騎乘 十一

左師展以昭公乘馬　狐突以讒杜門 十三
胡銓禮記傳　撰定論語弟子 十四
子張子娶於言游 十七　公羊說氏人名字 十八
鬴壁羨尺寸 二一　易象春秋稱周禮 三七
色舉翔集去就義 四五　魯惠請郊禮 五一
魯始封分物　劉原父春秋諸書
葉夢得春秋諸書　陳傅良春秋諸書
較之功立武宮 五二　季氏立二廟毀廟
周魯郊時異 五四　周四望魯三望
春秋書新作譏譖　六經六藝合四術 六十
衞氏禮記集說　報褎字通 六三
更叟互譌　術述遂通用 七十
首經各書不同 七二　險儉通用 七五

顏子孟子言立八七　新逆當爲親八八
虞箴祈招詩讒鼎銘八九　商盤周量
三大辰九二　五德配五行卦位九七
方愨禮記通考九九　蔣繼周禮記大義
貢士三適三賜百　條狼氏誓鞭大夫百五
呂氏芸閣禮記解百一五　后蒼曲臺記大戴十二
穆繆純肫通用十三　王風不復雅春秋二
雅士風末士　擊鼓詩知怨文仲
無衣詩知待王命　詩士陳靈之變風
變風變雅鄭舉終始　詩士或頌或雅諸說
王者迹熄不巡狩　詩士爲風與西周詩
正歲正月之異三　一之日二之日
程子胡氏春秋傳　劉質夫春秋傳

程沙隨張洽春秋傳　陸質春秋集傳五
蘇轍春秋集傳　古鐘鼎文位爲立七
閔因春秋叙九　公羊解詁及傳疏
呂氏春秋講義十一　生子書於閭史十三
薛氏春秋經解指要　崔氏春秋經解本例十五
趙岐孟子章句　古人以大爲名者二十
程氏春秋顯微例目二三　胡氏春秋通旨三七
李琪春秋王霸世紀　鶉奔詩次定中前四三
溫公疑孟子言霸四九　孫氏春秋尊王發微
王介甫左氏解左氏二　公穀立學緣起
士禮無樂舞八　東萊左氏博議十二
程氏春秋分紀十六　公羊書弒季氏之失十七
智伯盆成括不才子二一　周公才兼德行

皐陶九德皆才　高宗不言無喪服二七
泰誓言時不可失二八　詩三星以候嫁娶二九
參心皆三星　治亂廢置字反用三九
趙震揆春秋類編四十　命皇父稱祖四二
東晳補亡詩四三　京相璠春秋土地名四四
孔門顏氏八人四七　杜氏春秋釋例四九
八方之風五一　許氏五經異義五五
連山歸藏皆占七八　夏瑚商璉六四
羿澆二姚左騷同六五　經籍有六朝舊本六八
齊雲昌春秋例苑　孔維校五經疏義
東萊左氏傳續說六九　呂氏自以博議爲非
平平爲辨治百二　五十矢爲爲
荀子釋卷耳彤弓　孫以王父字氏束百一五

父字爲氏諸人　公子公孫之稱
公孫子不得祖諸侯　劉章刺刺子孟百一八
一句一字俱爲一言百一九　孔氏聘辭諸問對百二五
鄭名世春秋四譜百三十　論語文散見古書百三七
公羊傳注疏公羊一　何休公羊解詁
啖助趙匡春秋二　長言短言十二
穀梁傳注疏穀梁一　冀州爲中國通稱二
冀爲中土中州　十二哲增赤師有若論語
蘇氏論語拾遺　葉氏論語釋言三
胡氏論語詳說　孫氏論語說六
見起見進見困　棖棠堂三字通九
鮜后項音通十　仲尼問禮老聃十三
尹氏論語解二三　緇布紂帛純服二四

士妻紨衣
縓頳纁緅緇入染色 二五
三綱六紀之義 二六
諸書言三綱
季札楚莊言詩次異 二九
太史執書讀禮書
論語爲義說三人 三二
堯舜作幹植
仲尼作師誡
東坡論語傳 三五
孔墨並稱之始 三六
王弼論語釋疑 三七
春秋少陽篇 三九
胡明仲論語詳說
謝氏論語解 四二
胡氏論語指南 四四
黃祖舜論語解義 四五
黍稷菽蒿之惑 五二
張九成論孟解 五九
王元澤論語口義
晁景迂非孟子 孝經四
諸儒引書誤記 孟子二
無垢孝經解
吳才老書裨傳
誠齋易傳
舜服三苗 三六

禹治水制喪法 三七　漢詔引孝經刪字 五七
古書多終以堯舜 五九　真西山疏靜壽無逸 六二
八蜡祀四方 六五　爲草木疏記諸人 小學七
唐諱淵爲深爲泉 天道十二　沙鹿崩由晉文 十五
殷巫咸爲術家所宗 十七　奉姜嫄祀張仲 十八
宋諱懸爲垂 三三　爾雅蒼頡篇有附益 地理二五
睪皐字通 諸子十二　負苓者病畫卦 三十
耳牙字通 百五七　仲翔取坤虎不取兌 史一五二
三傳述經小聖人 八七　春秋時二人同名 九一
毛屯字相混 史二七一　伊利俱盧取聲韻 九一
吾爲之范氏馳驅 史三十六　誠齋易傳多史事 史四三六
三百五篇當諫書 河渠十　禹貢行水春秋斷獄

困學紀聞翁注編目卷二十一

困學紀聞翁注編目卷二十二

史事出注

邴原清議易四　杜襲絕繁欽

蔡澤說范相秦八　封建郡縣有得失十一

羿浞事　少康一旅復夏

共和有二說　陳涉亡秦

秦置郡縣　劉更生論正臣十七

朋黨論小人君子二三　厚齋元初晦隱二八

董公說漢王發喪　魯兩生徵召不行

萬石君家法　魏割河西地去安邑二九

大峴爲齊南天險　周宣料民構怨

漢削藩除國　漢戚黨專政

宦寺專權封侯　唐代方鎮强恣

南蒯筮叛三七　魏相匡衡相漢四二
劉元城夏至論史事四三　陳完奔齊
王政君得幸　容齋論盛衰倚伏
武氏入宮　女貞入貢
李翺論小人難去五五　紹聖後失政
王荆公學術五六　邵子論君子小人六一
許敬宗勸立武昭儀六五　楊畏鄧潤甫變法
元祐變紹聖　新平人恥城角六六
隴西李氏隤家聲　魏文慕通達廢清議
黃汪毀宗澤　孫覿非復讎詆岳飛
汪藻表雪邦昌罪　秦檜稱元臣
臺臣詆張魏公　邦昌受册寶
淮平後用異鑄六七　潞定後封趙歸真

公仲進賢止歌田七一　孔明薦郭費董允
管仲三歸侈奢　魏相因許伯
上書去副封　里克中立七七
鄧析兩可說　鄭用竹刑
虛美浮文七八　王羲之責謝安
王翦間李牧七九　陳平間呂夫
房琯討賊無功八十　龜山附蔡京父子八八
唐元宗恃安致變百三一　李鼎祚讀書臺百三三
齊賜遊說士列第百三九　棘下稷下稷門
宋人重南重北百四八　邵子聞杜鵑聲
种氏世為名將　春申君說秦百五三
虞翻斥仙人百五六　陸希聲以僧進用
范寧斥何晏王弼百五七　王夷甫死時悔悟

柳芳以貶著書 百六六
黃帝世系 書二
博士官處書未焚
漢惠除挾書律
蕭何收秦圖籍
楊賜上封事 七
劉愷論刑
史記索隱 十二
史記正義 十四
伊川進黜 十七
皇王大紀 十八
魏武赤壁之戰 二三
唐莊宗失詐
史記律書寓兵 三三
漢書刑志寓兵
懿王時戎狄交侵
周衰遷戎伐戎
冊文誄祭用帝王事 三八
蕭咸斥董賢冊文
班固爲憲燕然勒石
韓稜斥拜竇憲議
倪陳互糾冊史相麻
聖清聖和擬侃胄
文事武備擬師旦
帝王五德終始勝克 三九
黃帝受命風后 四二

治城本金陵里　分野值災不可禳
吳關溝通淮通汴四七　韓江刊江山陽溝
漢文柔撫諸事四八　漢元帝牽制優柔
夷陵巴陵東陵四九　晉諱曜爲昭五五
左太沖藩溷著紙筆　李善書簏文選學
唐朱朴議遷襄鄧七一　宋陳亮論錢塘氣泄
先帝遺詔七四　秦拔上黨韓趙危八十
唐平澤潞服三鎮　平原君受馮亭
宋諱匡爲刊八六　居巢羣舒國九四
諸侯改元九七　通鑑外紀
晉文賞雍季先咎犯九八　趙襄子賞高共之禮
漢宣之明用宏石百二一　唐宣宗不知令狐綯
改章奏誤字　中山靖王聞樂對百二二

漢景七國之難　田單解裘衣涉百二六
孫寶斥孔光稱莽百二七　漢唐卽位行冊禮百二九
林劉議服中上尊號　唐喪制以日易月
周民東士不事秦百三一　賈至議取士浮艷
賈幼鄰至唐　魯諸儒國中講習
魯守禮義不降漢百四二　漢取少文悃愊吏百五九
宋武葛燈籠麻繩拂百六八　太宗柞木梳黑角篦
姦歷託禪放誣聖言百六九　桓溫廢奕海西公
新莽以安漢公居攝　建成元吉臨朝遇變
蘇威五教百七十　皇太子冊文稱謂百七二
范蠡說越取吳百八一　張良言天士楚
唐德宗恥見屈正論百八三　吳華覈以蜀士上表百八四
荀卿史公等法後王百八五　文帝宣帝尚近今

李斯請除百家語
淵明義熙後書甲子百八八
陳咸用漢祖臘
漢高養民致賢人百八九
光武延攬英雄
李燾宰相年表百九一
沈勁張嵊李堪蓋愆百九二
劉頌言君臣各有司百九五
平文釋滯制權
史記正義詩九
漢安世房中樂十八
神來燕娭
魏改安世歌爲享神
范滂母勉子死節二七
威烈王命三大夫三三
赤眉號尤來三老三四
鄭志誤爲吳志三八
康成孫皓不同時
魏文侯太子擊事四二
匈奴先世四七
驪山之禍
穆王夷王伐戎所獲四七
西晉士由匈奴
光武禁上書言聖五二
明皇六上尊號
安石父子擬周孔

申包胥責子胥語 五三　淮南王憚汲直 五六
秦正先非刺趙高　李雲諫封中常侍
章華諫陳後主　孟昭圖沈甕頭津
漢陳實清議 五七　晉阮籍等放曠
長樂老馮道無恥 五八　宣王封母弟咸林 五九
秦八年涒灘字謠 六十　商周師如烏荼 六二
高帝光武取宛 七五　後唐莊宗能立志 七七
姜后脫簪珥待罪 七八　杜伯左儒事
成帝封舅五侯 八十　魏武夢三馬同食槽
兔舞鎬京 八二　周亡三川震岐山崩
楚靈慭寘之于耳 八四　成帝嘆息休劉向
虢石父好利 八五　宋弊政始末
賈山至言借喻秦 九十　虢文公諫不籍畝 九三

歷代外戚賢否九六　傅燮疾中官上疏九七
甯戚三歌干齊桓百一二　穆生以醴酒去楚百一九
逵充惜超父子忠姦百二二　荀彧陳羣隕家聲
三卿策天子卽位百二三　黃初以鵜鶘詔舉賢百二四
太液亭尚書君臣圖百二六　晉衞協明帝畫品
唐周財程修己工畫　漢諱荀爲孫百二九
伊耆伏羲音樂百三四　葛天康衢歌謠
煬帝後主諸豔曲百三五　開元禮開寶通禮百四六
趙過代田法百四七　晉幽公反朝三卿百五四
二世望夷宮自殺　唐太宗治中弊政周禮一
王由私屬七　李斯趙高相傾軋九
石顯貴幸傾朝　唐信任北司黜南司
申屠嘉責鄧通　楊秉劾常侍覽瑗

孔明言宮府一體　貞觀南牙北門之分
普鼎止薰籠移竹　李沆阻立後宮
文彥博責內侍祕疾　漢大長秋詹事等官十
漢唐財用移主奄寺　胡氏皇王大紀十一
元王子入京師受業十三　唐內侍不立三品官
唐六省官有內侍　魯孝公京師爲國子二十
東西周爭水灌稻三五　商鞅決裂阡陌
秦政決通川防　戎馬如入無人境
溝洫廢長城與　秦碣石門刻辭
李悝爲魏盡地利　叔均始作牛耕三六
趙過教民耦犂　禹伯益夷堅三事
後周四鹽政三七　漢鹽官唐鹽縣數
宋出鹽池鹽場井數　猗頓起晉郇瑕氏地

新莽泉分十品
秦漢用璽形制 四十
唐改璽爲寶 四一
漢法斗檢封
舜時黃龍負璽
殿名起于春秋戰國 四五
董賢重殿爲僭制
漢司徒府之地
唐貞觀顯慶開元禮 四七
帝嚳命咸黑作舞 四八
舜命質修九招英列
章帝幸闕里作六樂
漢文始五行舞
梁武作鍾律緯 四九
夏后鑄鼎繇 五十
漢立代王卦名
晉語漢書卜辭
漢武以占知神馬 五一
唐六典擬周禮 六八
漢明帝采古說制服 六九
秦漢郊祀輿服
漢文除肉刑不及宮 七十
漢律春笞準肉刑法
舜陶河濱事 七五
倉唐對文侯問 八二
唐以突頡利爲宿衞 八八

磨室反鼎 八九　趙彥以孤虛法討賊 九十
實田覈田括隱田 九二　隋開丁口立戶頭
舜造漆器 九四　褚遂良對漆器雕俎
秦漢冠制 儀禮五　禮服授皇太子 十四
唐去國衈篇　五服附今之始
服制禮文與今多異　杜之松借王績家禮 十五
雷次宗爲諸侯王講禮　六朝講喪服經諸人
漢帝不追崇所生 十七　晏子聘魯趨跪 十九
陳宣帝立方明壇 二三　蘇綽虛辯定六官
蘇威五教　白虎觀講經同異 二五
胡廣事繼母 禮記三　桓榮捧果以拜 四
倉唐使魏對 五　沈季銓事母 七
經筵值雪論感召 十　騎兵始戰國 十一

古史書月不著時春秋三　秦祀巫成爲詛楚文七
歷代日食之數十五　緯書起哀平間十七
漢武望祀九嶷射蛟十八　始皇候大魚出射之
富弼告神宗憂災二三　皇甫規求附黨人二四
賈貴人不求尊號二六　豫章君後始立廟
齊魏會笠澤相王二七　秦政東帝于前
漢末士書魏年三十　光武可先書元
溫公資治通鑑　九鼎震三三
唐之患吐蕃南詔三五　宋女真契丹之患
中丞議薛況罪三九　孔季宣斷梁人獄
終軍詰徐偃鼓鑄　呂步舒治淮南獄
仲舒以弟子下吏　張湯請博士補廷尉
嘉祐時郭后祔廟議四十　史彌遠立理宗事五三

呂后則天立本紀五六　則天中宗實錄議
孫氏唐史論斷　范祖禹唐鑑
史家記事追言諡左氏九　魏受禪碑列名十三
唐六臣所爲　王積翁留夢炎降元
文天祥以留遇害　通鑑書叛書寇之失十七
張知白温公皆守儉二三　劉道原返貂褥
陳無已累日不煩　杜預議既葬除服二七
叔向議王除喪宴樂　樂毅羊祜伐國不待二八
周世宗令南唐繕完　陸贄黨王叔文三二
魏明帝生諡烈祖三三　擾龍宗白事董卓三三
賈充憂諡傳其惡三四　秦李斯分過三七
宋以子冉計囚墨翟三八　文靖言李辰妃喪四五
魏丞相使金抗議四八　顏杲卿近安祿山五十

史記帝王世系可疑 六七
取西域傳校漢書 六八
班固真本漢書
葫蘆中漢書
秦先攻韓據成皐 七十
三晉分地取成皐
楚漢爭成皐
史伯語鄭桓公寄帑
魏武侯浮西河
佳兵好還
括獻爭立 七一
周以前祖父不諱 七二
生諱始漢宣
荀彧勸操迎獻帝 七四
召平高于四皓 七五
應曜隱淮陽山
申屠蟠不屈于董卓
秦法刑棄灰于道 七六
秦子楚不習誦 八一
隋高祖不說學
張睢陽責令狐潮 八二
雷萬春中矢不動
寇公行遣倒用印 八四
宋景定來諸叛人 八五
秦昭王問儒無益 八六
子房復仇辟穀

梁王琳縞素赴軍　張承業諫莊宗稱尊
司馬楚之感沐謙八九　商君載甲操戟
李林甫重關複壁　費禕戕于魏降人
李壽蔣繼周言星變　漢用三傑楚黜范增九二
劉輔諫立趙倢伃九五　錢潛諫立郭貴嬪
鄒浩乞停策劉妃　燕昭築宮招士九六
慕容盛討蘭汗　楚蒙穀負雞次之典九七
深寧拜疏出關百　李斯韓非玷荀學百二
汲長孺爲戇百四　朱雲欲斬張禹
卞壼如含瓦石　晉靜公遷爲家人百五
漢赦季布百六　魏武帝免梁鵠
孫休弗罪李衡　樊噲引趙高戒帝百八
袁盎以人彘戒文帝　賈誼借秦爲喻

蔡京禁讀史百十　豫讓爲義士百一一
智果別族爲輔氏百二十　韓子孟談遇智過
漢興不以五星聚井百二十　韓信步騭之屈百二二
唐穆宗銷兵變起百二九　漢罷郡國都尉兵
晉去州郡武備　偃師獻倡穆王百三十
魏了翁乞復舊典十百三七　雋不疑叱衞太子公羊二
蕭望之不乘匈奴亂　馮奉世亟擊莎車
嚴助不聞問謬對　燕丹用荊軻劫秦
漢武復仇伏匈奴　卓師陵温慶君七
東漢二名諸人九　莽諷單于毋二名
江彪啓哀帝屈私十　杜預巧飾經傳議服十三
長安京兆通稱穀梁二　趙涉說亞夫走藍田四
平澤潞用杜牧說　劉相如勸張浚迎敵

孔廟王君侯伯封罷 論語九
孫龐斯非相戕 十六
蘇秦張儀同學
孔明論三國形勢 二十
董公李勣言闕與士
夕陽亭勗私賈充
唐太宗開文學館 二
瀛洲十八學士
許敬宗成立武昭儀
裴晉公淮西賓佐
李宗閔薰熾中外
漢致六翮 三
申屠嘉折鄧通 五七
董仲舒事驕王
魏相廉正抑霍氏
袁安任隗抑竇氏
申屠嘉引袁盎坐
朱博黨丁傅 五六
賈捐之詔石顯
馬援論高帝光武 六九
何晏秦王責蘇威 孝經十三
唐代配祀 十五
世本士于漢後 孟子九
田單解裘衣涉者 十二
慶元六君子 二十
申不害干韓 二三

鼂錯公孫宏言術　國滅後多重見者三十
賈誼說文帝興禮樂三八　武帝不喜汲黯清靜
光武封卓茂三九　太宗誅高德儒
董公說漢王發喪四五　陳涉倒湯武四六
昭烈攻劉璋取益州四九　法正說璋討張魯
孔明汾陽知義　蘇秦無二頃田五五
民心思漢忘漢五八　江陵祁山嚮從
王朗詐稱成帝子　帝王經世圖譜
唐仲友與朱子相軋　魯仲連不帝秦六四
荀子譏秦無儒　孔子順義不入秦
齊威王趙肅侯朝周　句容下邳多盜六五
商鞅致秦富強之術六九　常平倉所自七二
茶字始見韋曜傳小學八　秦存展季壠二十

太宗書燕公父墓　秦楚交好背詛二三
屈原靳尚懷王　楚人憐懷王怒秦
徐景安歷代樂儀三三　昭襄王呂不韋冢經說六
秦冢遭發　隋諱煬帝改廣爲博天道一
唐國史補八　黃帝受河圖闓苞十
趙公子章作亂十六　趙過代田法二六
魏書爲穢史　新五代史五代會要歷數十三
鄒衍怪誕地理二　鮑校戰國策十
三服官所獻十八　漢求蓬萊安期生二三
李少君化去　武氏骨醉二嫗三十
武氏以崇不歸長安　張柬之等迎中宗
枚乘諫吳王濞謀逆三六　契丹執出帝北歸三七
王溥唐會要諸子二三　唐定封禪儀注二四

柳州許懋黜封禪
公儀休相魯閉心 二五
周瞞晉使勿籍 二七
起居注緣起掌錄
張公論事能回天 二八
元魏君孝文稱最 二九
孝文字子見義
呂惠卿手實法 三八
蘇轍古史
明德后不欲封馬氏 五十
魏相論用兵
陸抗上疏言政令
王吉上疏言得失
枚叔諫吳王濞
鄭昌上書頌蓋寬饒
何法盛竊郗紹書 七一
蘇秦士燕走齊 百二十
楚兩龔不屈莽
楚父老弔龔勝
羊勝公孫詭惡鄒陽 百二二
程嬰屠岸賈事未實 百二四
桑公授扁鵲 百三三
崔浩論人物
呂婆樓進王猛
王猛經國治秦
慕容恪輔少主

劉裕討桓元受九錫　周元王晉出公傳世百六
周威公　世本有三又十一卷史五三
貞觀政要又十四卷史三　唐史發潛八
韋宏質以諱誤賢二三　胡武平集中制策
王氏五代會要九一　范氏五代通錄九三
三劉漢書刊誤漕運一　通鑑舉要補遺評詩二四

困學紀聞翁注編目卷二十三

書籍雜文 出注目上繫作者姓名其人亦附見

韓非子 易五　淮南子 七
賈誼新書 八　越絕書越紐錄 九
陰符經 十三　畫墁錄 四三
緯書萌芽 四七　緯書不始哀平
漢儒信緯不信緯　三墳五典八索九邱 四九
桓譚新論 五三　劉行簡苕溪集 五五
顏子好學論 六十　李習之復性書
郭璞洞林 六二　楊雄作太玄 六七
難經 八二　顓頊曆
洛下閎太初曆　傅元口銘 九十
范諤昌證墜簡 九五　桓寬鹽鐵論 百

聖證論百二
太平御覽
荀卿子百九
周髀百一四
鄭志百三九
觀物內外篇百四八
東坡試刑賞論百四九
汲冢書百五四
聶靈賦百六二
陳止齋身後書百六六
孫盛晉陽秋
劉道原十國紀年
柳芳唐曆
真西山養正堂記百七八
顏之推家訓百八十
顏彥冲屏山集
不韋成呂覽書二
鬻子四
墨子篇數五
宋祁筆記六
班固典引七
朱子感興詩二一
家塾書鈔二三
水經注作者三五
周公職錄四三
周公城名錄

曾子固校上說苑五一　巾几法盤杅誡五三
皇極經世五九　開元大衍曆議
孔叢子出依托七七　莊子司馬彪注九三
逸周書竹書紀年九七　揚雄所著書九八
柳子厚封建論百二八　緯書元命包百三八
阮氏中說註　劉彥和文心雕龍百四三
唐元行沖釋疑百四五　應仲遠風俗通百四八
王仲任論衡　晉汲冢所得書百七三
束皙分釋竹書　晉太康得竹書始末
呂覽名類篇百七九　黃帝泰素諸書百八二
周髀算經　後山黃樓銘序二百
東觀漢記詩百二　酈氏水經注二百二
初學記詩一　蔡邕張超青衣賦六

蔡邕正交論本朱穆 百四三
韋彤五禮精義 百四六
王文考靈光殿賦序 百五十
班賈鄭通科斗書 周禮四
劉徽九章算術 二三
海島算經爲重差
趙明誠金石錄 二四
洪景伯隸釋
陸氏吳地記
山海經緣起附益 三六
穆天子傳
蔡邕獨斷 四一
五行家有易三備書 四六
東坡夢齋銘序 五三
汲冢書師春編 六十
官歷刻漏圖 六五
漢樊毅華嶽碑記 六六
逸周書互有同異
孫公談圃 七一
列子釋文 七四
孔氏聘辭 八二
聖證論諸說 八五
遁甲孤虛義 九十
王史氏二十一篇 儀禮三
武榮闕幘傳講 五
何承天禮論 十五

王儉禮論條目　孔子袪讀禮論
隋江都集禮　杜王論喪禮二帖
喪禮書號凶儀　劉氏牛羊日歷十六
宋崇奉濮安典禮儀十七　明經放冬集禮記標題注
司馬伷甯朔新書一　魏鄭公諫錄
唐會要集賢注記　劉向列女傳六
春秋繁露十八　時訓非周公書二二
淮南子注家二四　農書九家百十四篇二九
北人本業記　慎子篇數四三
袁宏後漢紀　裴子野宋略
張彥遠法書要錄四七　列子注及釋文五八
尸子魯人佼作六四　孔子家語
王度記六七　七略七錄七志七二

元徽四部書目　徐彥伯樞機論澀體八一
荀子引聘禮志九五　杜氏理道要訣百九
元豐九域志百一　太公金匱陰謀大戴禮四
管子弟子職七　孔叢子小爾雅
馬融廣成頌十五　張揖博雅十九
仁宗實錄樂二　吳越春秋十三
明堂位非小戴書二五　真文正文章正宗五二
蘇氏謚法書左氏七　劉羲叟長曆十六
呂氏大事記十七　胡氏讀史管見
柳子厚弔萇宏文四十　厚齋挽袁進士詩六一
六臣文選注六三　柳子晉問效七發六四
程氏考古編六七又小學三二　黃氏談藪談苑六八
東坡三良詩六九　曹植王粲三良詩

東坡秦穆墓詩　儒家顧子書七八
劉氏公非公是集　公是集梁邱據詩
孫郃文纂八十　洪氏容齋四筆百十
反離騷畔牢愁百一三　柳子厚文學國語百一八
朔誦二十二萬言百一九　杜牧之孫子書百二十
曹叔通新禮百二十　劉向列女傳百二七
世本公子譜百三十　白虎通德論穀梁十
王直講集論語一　孫應時燭湖集六
王質雪山集七　洪興祖受楚辭補注十五
楚辭集注證後語　朱子因趙汝愚注騷
韋曜博奕論三三　曹操祭橋元文三三
小說家所出四六　進銳退速老子語
石曼卿歌詩集四八　吳筠心目論五二

陰符經有精語　厚齋夢跋太學書五三
劉晝新論六六　晁公武郡齋讀書志孝經四
晁説之儒言　彭忠肅五致錄八
司馬溫公家範　郭顯卿雜字指十
元豐聖訓十五　李吉甫郡縣志孟子五
韓非子十一　楊子法言十九
金樓子二　孔叢子七卷三三
休弈傅子三篇　桓次公鹽鐵論五七
藝文志考六三　陳後山談叢六五
范蜀公集　李氏樂靜集六六
二程文集小學五　田敏進印板書十
易參同契十三　郢書燕説十八
元惲法苑珠林二七　司馬光潛虛義三四

唐文粹唐書唐會要五 經說　皇覽冢墓記
奴書七　任子道論
桓譚新論十二　葛洪抱朴子
金樓子　柳氏自備
關令內傳一 天道　周髀算經
張稚讓廣雅　抱朴子內外篇四
後漢志七　武經總要八
黃帝素問內經二三　清河三孔集二四
柳州龍城錄二八　東坡少游梅花詩
東京記三卷三六　田俅子三篇六 曆數
百體有十二時書九　皇極經世十
都利聿斯經十一　管子十七
晁補之雞肋集四 地理　元豐九域志五

輿地廣記　楊萬里誠齋集十二
陳述古古靈集　龔氏中說注十三
太平寰宇記　元次山自釋十九
程大昌雍錄二六　王嘉拾遺記
殷芸小說二七　劉氏異苑
漢袁良碑跋二九　馮衍顯志賦三一
賈子書非真本三四　鮑參軍集三五
鍾鑠詩評　元和郡國志
虞綽長洲玉鏡書三六　宋白續通典三七
魏劉劭皇覽諸子五　仲長統昌言二十又百六三
王績東皐子三十　李氏詩苑類格三三
李百藥撰著　沈約四聲譜
沈約永明體　世說新書撰注三六

闕陸陰平劍閣詩四六　張文潛梁父吟四七
虞喜志林五八　何氏姓苑
左思有雅頌遺音　程大昌演繁露六九
夏侯湛抵疑七二　閔子騫贊
李文饒貨殖論七四　陳舜俞廬山記八六
程致道北山小集百十　陸宣公翰苑集史四一
王溥唐會要　洪氏容齋隨筆十四
范攄雲溪友議　張固幽閒鼓吹十三
老學庵筆記十九　唐科目圖科名記二六
程氏雍錄三三　華山記三九
荊楚風土記　開元昇平源五七
朝野僉載六十　登科記六四
翰林故事　皇甫持正集十五

孫可之集　程俱山北小集七七
獨孤及毘陵集八五又評文二集　李氏朝野雜記八九
孫氏續通曆九一　呂南公灌園集九三
五經文字　非有齋類稿史五十二
苕溪集　馬永卿元城語錄十四
呂氏師友雜志　慶元黨禁十八
章氏春陵圖志十九　王氏東都事略
洪文惠盤洲集二三　江休復嘉祐雜志三三
中興館閣書目三七　尹和靖語錄三八
綦崇禮北海集七四　趙茂實庸齋集七六
李伯紀栟櫚遺文七九　呂氏大愚集八三
潘氏關中記崇儒二　汪彥章浮溪集評文一
吳地記廣志四　雷公藥對

姚令威集十三　朱子韓文考異
歐陽行周集十八　各家登科記
皇甫持正集二五　沈亞之下賢集二七
劉禹錫夢得集二九　鄭亞會昌一品集三十
元子猗玕子次山集三七　玉溪生樊南甲乙集三八
晁無咎雞肋集四五　楊次公無爲集四七
邱文定集四八　鴻慶居士集五五
胡承公忠獻集七一　羅端良鄂州小集評詩一
葛魯卿丹陽集　韓子蒼陵陽集
王無公東皋子集十一　河嶽英靈集十七
皮陸松陵集四七　詩苑類格四八
計氏唐詩記事五九　毛澤民東堂集六四
羅隱甲乙集六七　杜荀鶴唐風集

郭功甫青山集九十　饒節倚松集
汪信民清溪集　呂希哲東萊集
韓維南陽集　劉氏異苑九三
夏均父遠游堂集百　仲彌性浮山集
唐子西集百一七　李師中誠之集
朱新仲灊山集　敖器之臞翁集
崔鷗婆娑集百一八　曾子開曲阜集百一九
徐師川在湖集百二十　張良臣雪牕集百二六
孫應時燭湖集百二九　洪舜俞平齋集百三三
黃朝英緗素雜記百三五　呂氏能改齋謾錄
呂本中東萊詩集百三六　趙紫芝青苑齋集百三八
潘庭堅紫巖集百三九　汪藻浮溪集百四八
顧況華陽集百五十　巖壑老人集百五九

朱子眞獵較集　野處猥藁瓊野錄百六一
王逢原廣陵集百六二　文文山指南吟嘯集百六六
鄧氏栟櫚集百七十　陸氏陶山集評文二三
楊炯盈川集六　蘇頲許公集七
張方平樂全集八　張氏玉堂集
尤氏梁谿遺稿　洪舜俞平齋集十
南仲周氏山房集十二　衛涇後樂集
胡武平文恭集十四　胡文定武夷集十五
曾氏茶山集　周茂振海陵集十七
夢得劉賓客集十八　王安中初寮集十九
元獻遺文臨川集二一　汪玉山文定集三四
趙南塘庸齋集四二　毛澤民東堂集四九
李忠愍集

困學紀聞翁注編目卷二十四

人名 出注

袁康吳平姓名隱語 易九　陸宣公贄
干寶　女媧氏 十
五胡姓名 十一　秦亡後諸士 二八
東陵侯召平　召平有三
四皓　伏生浮邱伯
高堂生　張芸叟 四三
鍾會王弼 四六　賈逵張衡馬融 四九
杜預　韋昭本名曜
王肅 又百二　嘉祐諸賢 五五
元祐諸賢　蘇舜欽 五七
葉夢得晁說之 五九　李二曲

喻玉泉 六一　申屠蟠 六三
宗爺爺 六六　許廣漢 七一
呂成公 七二　張敬夫 七三
郭仲晦 七四　胡忠簡 七五
史臣論殷浩 八十　虞翻 八二
程沙隨　李舜臣 八三
張真父張行成 八四　楊時 八八
傅休弈 九十　周南仲 九一
馮時行 九二　商君有三乙 九三
荀爽張說　陸佃 九四
胡瑗 九五　魯恭趙溫 百一
蔡節齋 百四　薛季宣 百一四
韓康伯 百一五　王輔嗣無後

郭仲通逵　郭忠孝郭雍
陸終六子百五四　陸希聲陸質百五七
南齊張思曼緒百五七　梁伏曼容
魏何平叔晏　宋耿南仲百五八
後周衞元嵩百六一　楊子雲百六二
宋徐復林瑀百六三　賈魏公昌朝
晉孔坦百六四　周茂叔張子厚百六五
柳芳劉道原百六六　李公晦百七十
楊備孫奭呂大防書六　宋敏求
王欽臣　郭忠恕
范景仁十八　袁絜齋二三
倪文節思二八　韋宏嗣曜五五
皇甫謐八五　顏師古八六

賈景伯逵八八　李子材杞九四
譙允南周九五　劉子政向九八
王景文張安國百四七　張伯玉亦稱百林
陸士衡機　吳斗南仁傑百五八
魏芳爲邵陵公百六九　束晳爲疏廣後百七三
陳無已師道二百　真西山德秀二百八
徐文藻整詩二　張子並超六
吳叔永泳七　李仲蒙育
屈原宋玉唐勒景差九　趙復齋彥肅十二
馬永卿嬾真子十四　伯奇死爲伯勞十五
施士丐十七　繆熙伯襲十八
張稚讓揖三二　周堅伯磐四一
李柟李樗　高忠憲攀龍五八

袁季平延七四　李忠定綱
魏荀顗何曾八三　江左褚淵王儉
唐季崔胤柳璨　司空圖自號耐辱九一
何進賈謐九六　楊國忠安祿山
庾亮蘇峻馮王　啖叔佐趙伯循陸質百九
翼奉郎顗百三二　東廣微皙百三九
何士威佟之百四六　崔亭伯駰百五十
胡五峯宏仁周禮三　蔡九峯沈
李盱江覯十　漢朱虛侯章十三
呂微仲大防十五　趙無愧徐仲車二二
張蒼耿壽昌　何承天信都芳二八
竇望之儼三三　周益公必大三六
張行成翼元四九　王象賢貽孫五五

陳齊之長方 春秋二十　漢郎雅光顗 二三
張仲通洞 四十　陸質啖助趙匡 四八
權載之德輿 左氏五六　杜鎬安德裕錢熙 六八
江端禮端本 百一八　朱子元博 百二一
湯東澗溪 論語二三　魏博士周生烈 三一
魯有兩惠伯 三五　唐孔穎達 四六
袁絜齋燮 五十　陳仲猷葉仲珪 六十
袁正肅王去非 孝經十　王梅溪十朋 十四
趙邠卿岐 孟子二　王補之无咎 六
名申皆字子西 十三　郅君章惲 十四
陳仲舉蕃 十七　周子靜龔益卿 二十
子夏門人田子方等　皇甫士安謐 三三
唐林慎思 三四　石徂徠介 四六

李伯玉成季 六六　四先生五先生 七三
梁劉士深杳 小學七　明董斯張閔元衢 十四
宋董彥遠逌　張燕公說 二十
趙明誠妻易安居士 二一　李淯水復 二三
孔光張禹許敬宗 二八　柳宗元附叔文
李彥平衡　晉鳩摩羅什 三一
顏真卿蕭穎士 三六　趙克繼謝飲 經說四
章友直楊南仲　晉虞允源溥 九
陸魯望龜蒙 十　沈驎士袁孝高 十二
裴仲賈漢　田敏
衡陽王蕭鈞　劉仲郢
晉傅咸 十三　梁沈約 十七
胡翼之瑗 天道　楊倞張湛 三

姚宏史一一　薛季宣十二
李淇水潘水不同八七　呂子晉希純百五
王致君逖百七　劉度百十二
劉淑檀敷包咸史三二五　晉干寶唐李華六六
白牛居士八六　通元先生果老史四十七
沈作喆寓山三十　張九齡子壽三三
鄭餘慶劉岳三三　崔寧崔蠡三五
蕭穎士茂挺四一　范傳正張司業九三
木石先生史五三八　李尋子長河渠九
柳子厚從兄評文一二一　庾子山王子安三四
醉吟先生三九　獨孤至之及六十
禪月大師釋貫休評詩六四　戴幼公叔倫七七

困學紀聞翁注編目卷二十五

物類 出注

邵子言木之神 易三六　莊子言筌蹄 四六
龜雉蘭玉召災 六九　十二筒叶鳳鳴 八二
蘼草薺麥氣候 八六　葶藶款冬
百草權輿 書三六　瑞雉無釋雞三號
秭鳺先滜　昆蟲闓懌 八八
童牛角馬 百七十　孔章得豐城二劍 百九十
王阜擊磬鸞鳥集 二百二　張掖柳谷湧寶石 二百六
鮚醬台鰲 周禮二五　顆鹽盬鹽末鹽 三七
戎鹽石鹽岸鹽　宿沙瞿子善煮鹽
祁望守鹽蜃　唐辨龜九類五色 五一
看龜灼龜法　褚先生言八龜

牛耳無竅以鼻聽 七一
面牛鼓簧
漢酺酒榷酒酤 七三
麥秀鋌禾氾移 七八
筆名由起 八六
蔻齒兩縷共一 儀禮十八
以鞍爲几 十一
堇荼荃蕙之變 三一
傅亮譏張敷樝梨語
向栩著絳綃頭
朱勃方領矩步
九錫典物 百
祭謨誤彭蜞爲蟹 大戴禮九
引牛輿荊公辨耳
牛龍耳聵
紛容箾參 七七
梓慶削木爲鐻 八十
筆點黍而書
瓜桃橘柚不削剖 禮記四
丈引尋常起度 二一
鄭不識樝梨 四七
倮頭幓頭之製 四八
江充襌衣曲裾 八四
婦人上服曰袿
温公布衾圓木枕 百十
五刃不礪 論語三一

困學紀聞翁注編目卷二十六

雜義出注

體用連言本釋氏易五九　宋儒言體用字

月闕其摶六七　宋儒言敬義七三

八風先後八二　北方諸義

朔方爲陽始　太元四方四時名義

火日金水百一四　通書言誠幾百六五

正蒙言豫　漢書稱長者書二二

吉臣吉主　晉野督而齊明三四

歷法孟幼雖雄三六　五行生克及自生數三九

莊子言六極五常八九　康成戒子書言遊歷百二四

馬昭守鄭謬肅百四三　康成爲東北一人

張融稱鄭兼言其失百四五　張釋之不拜嗇夫百五九

五則名義 百六三　尊賢不及二代 百七五
六家謚法 百七八　商高言歷度矩數 百八二
造六峚以迎陰陽　谷神不死
高子之學 詩二　吉甫妻譖伯奇事 十五
清平瑟三調 十八　韓非言八儒三墨 二四
歲年取義 三六　康成戒子書言讖夢 三八
天定人定之勝 五三　星連四方名者四 六五
安石言行心迹 七十　文中子嘆遼東之役 七一
形勢先關中次襄鄧 七五　呂氏所自出
裴度午橋綠野堂 九一　衣冠之盜 九七
上中下三壽 百五　杜鴻漸黎幹論配祖 百九
鄧郁立小板屋衡山 百一五　朱子遊高臺上封
衣服關言行諸證　雜曲少年子 百三五

巴渝舞談容娘名義　朱子論文中子讀經
祭祀所用諸香百四六　唐韋彤論上香非古
風不鳴條雨不破塊百四八　日爲天明月地理周禮十二
師開鼓琴知室夕十九　古有宅經無葬經
隸首作數二三　街彈碑或誤爲衞二四
管子河圖言物土二六　管子草物十二衰二七
晏子治東阿上計三十　諸書言上計不上計
司馬法孫子三二　唐仲友出處著書
諸書言牛耕義三六　伊尹稱五和之美三七
管子言官山海　海王之國正鹽莢
古泉一品二品五銖三九　周景王鑄大泉
泉法母平子子權母　造父習御泰豆氏四十
尹需習御夢秋駕　御史恭射使端

殿爲屋高嚴通呼 四五　諸書言殿統上下
五行周天行度 四六　日月五星乘黃道
五星王相休廢色異　孔子遇嬰兒知韶作 四八
律有候月候日之異 四九　言律呂諸家
左旋八八爲伍　西伯卜太公繇辭 五十
夢有正有感　婦人有揖無拜 五五
拜尚右尚左　武氏尊婦人不令拜
婦拜袖扶而上下　婦人首飾盛難俯伏
長跪問故夫　推手揖引手撞
婦人拜天臺如男子　乙巳占 五九
二至改水改火 六三　晉長明燈火變青
春三月易水火　金木等物五方互出 六四
銅鐵山水泉各數　岳臺晝夜時刻 六五

甲乙五夜猶五更
二至後漏刻增減
晝夜有天人之異
承天太極兩儀二朝 六八
瀆山瀆水 七四
正人復邑賜敦 七九
五天六天 八五
太微五天之際
感生帝之祭
天帝稱名之別
日者旋式正棊 九十
雷公太一六壬三式
孫鄭不合冠子事 儀禮二
吉日辰良錯舉 九
古謂刻爲商 十
三商高春
言天形者六家 禮記二七
虞氏穹天安天說
天圓篇言物理 三五
韓子分性情爲三品 三八
孟母程母明禮 四六
婦不識廳屏
文王增琴絃 六五
宿田更舍 六六
疊羅支不嘗肉 六八
言命分三科三名 六九

旃僕薄借綦七六　朱子論無極義八十
不對舜冠之問八六　茂選俊英賢傑九三
元黃改色九四　趙高青黑黃易色
立尸徇葬夷禮存百九　民居服食教學之數百一三
會黨正社禜讀法　弟子職諸儀
古弟子北面大戴禮五　息黥補劓之方六
傳元進爵鶉觚子樂七　徐生善爲禮容十二
盧肇酒令十七　明堂位非小戴書
衞樸精曆術春秋十四　百七二日餘一交會十五
古祭祀親射牲十八　安民乞免鐫碑名二四
李仲寧不欲鐫碑　人事感天地三三
司空城旦三九　匹夫宦官蠻夷有諡左氏七
讀書記錄取人言十二　忠不專于事君十四

事親言忠養　回回歷閏日不閏月十五
素問言立端推餘　郗雍善視盜六六
臧榮緒庚子拜經又穀梁四　名子者當爲孫地七一
崑崙山五色河七三　郭泰名在八顧七五
禹泣罪人七六　顏含不筮命八二
不可學他不是八四　天占人人占天八八
天官日官太史局九十　熒惑入斗犯氐
慧星見地生毛　張衡善術學
叔輒哭日食　孔子之周問禮樂九七
張文潛手文曰耒百一　浮邱毛公師荀卿百二
賈逵出張蒼門　董子公孫宏不言儉
歲星善火星罰百二十　熒惑移三舍
忍恥忍辱忍詬百二二　忍醜忍垢

杜有道妻嚴從之　君子小人幸不幸百二四

子至亥爲一匝百二六　泣而益洪水

漆室女魯監門女百二八　子沈子女子諸稱公羊

披褐先生　才亞后夔論語十

項橐居萬流屋　容成氏五千文十三

昌黎猛虎行所指二一　陶侃惜分陰三三

四産得十六人三四　二十一子孿生七

董子言水九似四九　六根六塵六識五二

張無垢以佛語爲號五九　杜子美無可無不可

供養在家佛孝經十四　莊周學本老子孟子二四

王肅不好鄭三三　新垣平言日再中五十

袁充言日景長　楊莊言可否材不材六十

丹經守一六二　莊子儒發冢事經說六

金色界香水海 天道 四　光明藏寶林香花
霍山爲天柱山 三六　魏伯陽虞翻同地 歷數 七
洪氏盤洲諸勝 十七　咏蘭陵詩地誤 地理 十二
文中子先世 十四　靈金內府 二六
太乙精吹藜授牒　鮑明遠與妹書奇麗 三五
明遠妹有文才　方伯謩取釋氏志堅 諸子 四五
孫思邈善言老莊 五十　汲長孺學黃老 五一
王安中榜室初寮　盧生邯鄲夢 七三
淳于棼南柯夢　杜瑀好元理 八十
大巫山小巫山 八五　傳記多托仲尼 百三八
誤合不同時人　周舉五經縱橫 史 三三一
章子寺報竹平安 三二

西元二〇二一年六月一日重製一版

困學紀聞 冊一（宋王應麟撰 清翁元圻注）

平裝四冊基本定價叁仟元正（郵運匯費另加）

發行人：張敏君

發行處：中華書局

臺北市內湖區舊宗路二段一八一巷八號五樓 (5FL., No. 8, Lane 181, JIOU-TZUNG Rd., Sec 2, NEI HU, TAIPEI, 11494, TAIWAN)

客服電話：886-8797-8396

公司傳真：886-8797-8909

匯款帳戶：華南商業銀行西湖分行 179100026931

印刷：維中科技有限公司 海瑞印刷品有限公司

No. N2041-1

國家圖書館出版品預行編目(CIP)資料

困學紀聞/(宋)王應麟撰 ;(清)翁元圻注. -- 重製
一版. -- 臺北市 : 中華書局, 2021.06
冊 ; 公分
ISBN 978-986-5512-58-3(全套 : 平裝)

1.筆記 2.南宋

071.5 110008827